容忍与自由

容忍是一切自由的根本

胡适 著

中国言实出版社

图书在版编目（CIP）数据

容忍与自由／胡适著．—北京：中国言实出版社，2014.9

ISBN 978-7-5171-0736-1

Ⅰ.①容… Ⅱ.①胡… Ⅲ.①胡适（1891～1962）-文集 Ⅳ.①C52

中国版本图书馆 CIP 数据核字（2014）第 186384 号

责任编辑：郭江妮

出版发行 中国言实出版社

地　址：北京市朝阳区北苑路 180 号加利大厦 5 号楼 105 室

邮　编：100101

编辑部：北京市海淀区北太平庄路甲 1 号

邮　编：100088

电　话：64924853（总编室）　64924716（发行部）

网　址：www.zgyscbs.cn

E-mail：zgyscbs@263.net

经　销 新华书店

印　刷 北京毅峰迅捷印刷有限公司

版　次 2017 年 1 月第 1 版　2024 年 1 月第 2 次印刷

规　格 880 毫米×1230 毫米　1/32　8.5 印张

字　数 151 千字

定　价 46.00 元　ISBN 978-7-5171-0736-1

写在前面

胡适是20世纪以来中国最具影响力的知识分子和学术大师之一，也是新文化运动的旗手，其思想和学说在中国现代思想界、文化界都产生过非常大的影响。甚或可以说，是他为现代中国拉开了文明与进步、自由与民主的大幕。

胡适先生青年时代留学美国，接受了欧风美雨的洗礼，学成归国后即以改革旧中国、旧思想为已任，通过不断地发表作品和演说，向当时的民众孜孜不倦地播撒新思想的种子。他情思敏捷、谈吐幽默，善于将深刻的哲理转化为通俗易懂的白话，所以深受时人的关注，时至今日犹然热度不减。胡适先生虽然深受西方思想影响，并且不遗余力地将西方先进思想文化介绍到中国来，但也并非主张完全西化，蒋介石给胡适的挽联中评价他是“新文化中旧道德的楷模，旧伦理中新思想的师表”。

胡适先生的思想，在其生活的年代无疑是超前的，对传播科学、启迪民智、引导自由独立之精神有不灭之功。他的诸多观点和理念，即使今天看来也还不过时，仍然有不容忽视的价值和重新审读的必要。尽管他的某些政治主张或许有待商榷，这与其自身的局限性有关。此次，我们于胡适先生诸多作品中再度精选，汇聚成书，以飨读者，也相信读者在阅读的过程中会加以甄别。

目　录

少年中国之精神[1]

前番太炎先生，话里面说现在青年的四种弱点，都是很可使我们反省的。他的意思是要我们少年人：一、不要把事情看得太容易了；二、不要妄想凭藉已成的势力；三、不要虚慕文明；四、不要好高骛远。这四条都是消极的忠告。我现在且从积极一方面提出几个观念，和各位同志商酌。

一、少年中国的逻辑

逻辑即是思想、辩论、办事的方法。一般中国人现在最缺乏的就是一种正当的方法。因为方法缺乏，所以有下列的

---

① 1919 年 3 月 22 日胡适在少年中国学会筹备会上的演讲，原载 1919 年《少年中国》第 1 期。

几种现象：（一）灵异鬼怪的迷信，如上海的盛德坛及各地的各种迷信；（二）谩骂无理的议论；（三）用“诗云子曰”作根据的议论；（四）把西洋古人当作无上真理的议论。还有一种平常人不很注意的怪状，我且称他为“目的热”，就是迷信一些空虚的大话，认为高尚的目的，全不问这种观念的意义究竟如何。今天有人说：“我主张统一和平”，大家齐声喝彩，就请他做内阁总理；明天又有人说：“我主张和平统一”，大家又齐声叫好，就举他做大总统；此外还有什么“爱国”哪，“护法”哪，“孔教”哪，“卫道”哪……许多空虚的名词；意义不曾确定，也都有许多人随声附和，认为天经地义，这便是我所说的“目的热”。以上所说各种现象都是缺乏方法的表示。我们既然自认为“少年中国”，不可不有一种新方法；这种新方法，应该是科学的方法；科学方法，不是我在这短促时间里所能详细讨论的，我且略说科学方法的要点：

第一，注重事实科学。方法是用事实作起点的，不要问孔子怎么说，柏拉图怎么说，康德怎么说；我们须要先从研究事实下手，凡游历调查统计等事都属于此项。

第二，注重假设。单研究事实，算不得科学方法。王阳明对着庭前的竹子做了七天的“格物”工夫，格不出什么道理来，反病倒了，这是笨伯的“格物”方法；科学家最重“假设（Hypothesis）。观察事物之后，自说有几个假定的意思；我们应该把每一个假设所涵的意义彻底想出，看那意义是否可以解释所观察的事实？是否可以解决所遇的疑难？所以要博学。正是因为博学方才可以有许多假设，学问只是供给我们种种假设的来源。

第三，注重证实。许多假设之中，我们挑出一个，认为最合用的假设；但是这个假设是否真正合用？必须实地证明。有时候，证实是很容易的；有时候，必须用“试验”方才可以证实。证实了的假设，方可说是“真”的，方才可用。一切古人今人的主张、东哲西哲的学说，若不曾经过这一层证实的工夫，只可作为待证的假设，不配认作真理。

少年的中国，中国的少年，不可不时时刻刻保存这种科学的方法，实验的态度。

二、少年中国的人生观

现在中国有几种人生观都是“少年中国”的仇敌：第一种是醉生梦死的无意识生活，固然不消说了；第二种是退缩的人生观，如静坐会的人，如坐禅学佛的人，都只是消极的缩头主义。这些人没有生活的胆子，不敢冒险，只求平安，所以变成一班退缩懦夫；第三种是野心的投机主义，这种人虽不退缩，但为完全自己的私利起见，所以他们不惜利用他人，作他们自己的器具，不惜牺牲别人的人格和自己的人格，来满足自己的野心；到了紧要关头，不惜作伪、不惜作恶，不顾社会的公共幸福，以求达他们自己的目的。这三种人生观都是我们该反对的。少年中国的人生观，依我个人看来，该有下列的几种要素：

第一，须有批评的精神。一切习惯、风俗、制度的改良，都起于一点批评的眼光；个人的行为和社会的习俗，都最容易陷入机械的习惯，到了“机械的习惯”的时代，样样事都不知不觉的做去，全不理会何以要这样做，只晓得人家都这样做故我也这样做，这样的个人便成了无意识的两脚机器，这样的社会便成了无生气的守旧社会，我们如果发愿要造成少年的中国，第一步便须有一种批评的精神；批评的精神不是别的，就是随时随地都要问我为什么要这样做？为什么不那样做？

第二，须有冒险进取的精神。我们须要认定这个世界是很多危险的，定不太平的，是需要冒险的；世界的缺点很多，是要我们来补救的；世界的痛苦很多，是要我们来减少的；世界的危险很多，是要我们来冒险进取的。俗话说得好：“成人不自在，自在不成人。”我们要做一个人，岂可贪图自在；我们要想造一个“少年的中国”，岂可不冒险；这个世界是给我们活动的大舞台，我们既上了台，便应该老着面皮，拚着头皮，大着胆子，干将起来；那些缩进后台去静坐的人都是懦夫，那些袖着双手只会看戏的人，也都是懦夫；这个世界岂是给我们静坐旁观的吗？那些厌恶这个世界，梦想超生别的世界的人，更是懦夫，不用说了。

第三，须要有社会协进的观念。上条所说的冒险进取，并不是野心的，自私自利的；我们既认定这个世界是给我们活动的，又须认定人类的生活全是社会的生活，社会是有机的组织，全体影响个人，个人影响全体，社会的活动是互助的，你靠他帮忙，他靠你帮忙，我又靠你同他帮忙，你同他又靠我帮忙；你少说了一句话，我或者不是我现在的样子，我多尽了一分力，你或者也不是你现在这个样子，我和你多尽了一分力，或少做了一点事，社会的全体也许不是现在这个样子，这便是社会协进的观念。有这个观念，我们自然把人人都看作同力合作的伴侣，自然会尊重人人的人格了；有这个观念，我们自然觉得我们的一举一动都和社会有关，自然不肯为社会造恶因，自然要努力为社会种善果，自然不致变成自私自利的野心投机家了。

少年的中国，中国的少年，不可不时时刻刻保存这种批评的、冒险进取的、社会的人生观。

三、少年中国的精神

少年中国的精神并不是别的，就是上文所说的逻辑和人生观；我且说一件故事做我这番谈话的结论：诸君读过英国史的，一定知道英国前世纪有一种宗教革新的运动，历史上称为“牛津运动”（Oxford Movement），这种运动的几个领袖如客白尔（Keble）、纽曼（Newman）福鲁德（Froude）诸人，痛恨英国国教的腐败，想大大的改革一番；这个运动未起事之先，这几位领袖做了一些宗教性的诗歌写在一个册子上，纽曼摘了一句荷马的诗题在册子上，那句诗是 You shall see the difference now that we are back again！翻译出来即是“如今我们回来了，你们看便不同了！”

少年的中国，中国的少年，我们也该时时刻刻记着这句话：“如今我们回来了，你们看便不同了！”

这便是少年中国的精神。

谈谈实验主义[①]

此番美国大教育家杜威博士到中国来，江苏省教育会请他明天后天到这儿来演说，又因为我是他的学生，所以叫我今天晚上先来演讲。方才主席说我是杜威博士的高足弟子，其实我虽是他的弟子，那“高足”二字可也不敢当，不过今天先要在诸君面前把杜威博士的一派学说，稍稍演述一番，替他先开辟出一条道儿，再加些洒扫的功夫，使得明天诸君听杜威博士的演说有些头绪，那也是做弟子的应尽的职分。我今天所要讲的题目，是“实验主义”，英文中有人译做“实际主义”，我想这个名词也好用，并且实验主义在英文中，似当另为一个名词。那么，我何以要把实际主义改为实

① 1919年5月2日胡适在上海的演讲，原载1919年5月《新教育》第1卷第3期。

验主义呢？那也有个道理，原来实验主义的发达，是近来二十年间的事情，并且分为几派，有欧洲大陆派，有英国派，有美国派，英国派是“人本主义”。他的意思是万事万物都要以人为本位，不可离开了人的方面空去说的，所以是非、有无、利害、苦乐，都是以人为根本的。美国派又分两派，一派就是“实际主义”，为杜威博士那一般人所代表的。一派是“工具主义”，这派把思想真理等精神的产物都看作应用的工具，和那用来写字的粉笔，用来喝茶的茶杯一样。以上各派，虽则互有不同，然而有一点是共同的，那就是注重实验，所以我今天的题目叫做“实验主义”。

我们要明白实验主义是什么东西，先要知道实验的态度究竟是怎么样，实验的态度，就是科学家在试验室里试验的态度，科学家当那试验的时候，必须先定好了一种假设，然后把试验的结果来证明这假设是否正当。譬如科学家先有了两种液体，一是红的，一是绿的，他定了一个假设，说这两种液体拼合起来是要变黄色的。然而这句话不是一定可靠，必须把他试验出来，看看拼合的结果是否黄色，再来判定那假设的对不对。实验主义所当取的态度，也就和科学家试验的态度一样。

既然如此，我敢说实验主义是十九世纪科学发达的结果，何以见得实验主义和科学有关系呢？那么，我们不可不先明白科学观念的两大变迁。

一、科学律令 科学的律令，就是事物变化的通则，从前的人以为科学律令是万世不变，差不多可以把中国古时“天不变，道亦不变”的二句话，再读一句“科学律令亦不变”，然而五十年来，这种观念大为改变了。大家把科学律令看作假设的，以为这些律令都是科学家的假设，用来解释事变的。所以，可以常常改变。譬如几何学的定律说，从直线的起点上只有一条直线可以同原线平行。又说，三角形中的三个角相加等于二直角，这二律我们都以为不可破的。然而新几何学竟有一派说，从直线的起点上有无数的直线同原线平行；有的说，从直线的起点上没有一条直线可以同原线平行；有的说，三角形中的三角相加比二直角多；有的说，比二直角少。这些理论，都和现在几何学的律令不同，却也能“言之成理，持之有故”。连科学家也承认他们有成立的根据。不过照现在的境遇说，通常的几何学是最合应用，所以我们去从他的律令。假使将来发现现在的几何学不及那新几何学合用，那就要“以新代旧”了。我们对于科学律令的观念既改，那么研究科学的方法也改了，并且可以悟得真理不是绝对的。譬如我们所住的大地，起初人家以为是扁平的，日月星辰的出没，都因为天空无边，行得近些就见了，行得太远就不见了。这种说话现在看来固然荒谬，然而起初也都信为真理，后来事变发现得多了，这条真理不能解释他了。于是有“地圆”的一说，有“地球绕日”的一说，那就可见真理是要常常改变的。又譬如三纲五常，我们中国从前看作真理，但是这八年之中，三纲少了一纲，五常少了一常，也居然成个国家。那就可见不合时势的真理是要渐渐的不适用起来。

二、生存进化 起初的人以为种类是不变的，天生了这样就终古是这个样儿。所以他们以为古时的牛就是现在的牛，古时的马就是现在的马，到了六十年前达尔文著《种源论》，才说明种类是要改变的。人类也是猿类变的，我们人类有史的时代虽只有几千年，而从有人类以来至少有一万万年，假使把这一万万年中的生物，从地质学考究起来，不晓得种类变得多少了，那种类变化的根本，就是“物竞天择，适者生存”八个字。再简单说一句，就是“适应环境”罢了。譬如这块地方阳光太大，生物就须变得不怕阳光。那块地方天气太冷，生物就须变得不怕寒冷。能够这样的变化方可生存，不能变的或变得不完全适合的难免淘汰。而且这种变化，除了天然以外，人力也可做到的。譬如养鸡养鸭，我们用了择种的法子，把坏的消灭了，好的留起来，那么数世之后只有好种了。又譬如种桃，我们用了接木的法子，把桃树的枝接到苹果树上去，一二年中就会生出特种的桃子，可见生存进化的道理，全在适应环境的变化。

上面我说了两大段的话，现在把他结束起来，就是：一、一切真理都是人定的，人定真理不可徒说空话，该当考察实际的效果。二、生活是活动的，是变化的，是对付外界的，是适应环境的。我们明白了这两个从科学得来的重要观念，方才可以讲到杜威博士一派的实际主义了。

杜威博士所主张的实际主义，我们分三种来讨论。

一、方法论；二、真理论；三、实在论。

一、方法论 实验主义和政治、经济、社会、教育、学理的种种方面都有关系，就因为他的方法和别个方法不同，他的方法，简单说起来，就是不重空泛的议论，不慕好听的名词。注意真正的事实，采求试验的效果，我们把这种方法应用到三方面去。

甲、应用到事物上去 我们要明白事物，必须先知道事物的真意义，不可因为晓得事物的名称就算完事。譬如瞎子，他也会说“白的”“黑的”。但是叫他把两样物件中间拣出那“白的”或“黑的”来，他就不能动手，因为他实在没有知道黑白的真意义。又譬如一个会说话的聋子，他也会说“小叫天”“梅兰芳”，但是叫他说出小叫天或梅兰芳的声调怎样好法，他就不能开口，因为他并没有知道“谭迷”“梅迷”的真意义。所以要明白事物，第一须知道事物对于我发生怎样的感觉。譬如“黑”在我身上的感觉是怎么样，“电灯”在我身上的感觉是怎么样。第二须知道我对于事物发生怎样的反动。譬如“黑”了我将怎样做。“空气不好”我将怎样做。若仅仅如孔子所说的“多识鸟兽草木之名”，那就和实际主义大相反背了。

乙、应用到意思上去 实验主义的学者，把凡所有的意思都看做假设，再去试验他的效果。譬如甲有一个意思说这样方可以齐家，乙有一个意思说那样方可以治国。我们都不可立刻以为是的或否的，先得试验他的结果是否可以如此，然后再去批评他。捷姆斯博士把意思看作银行的支票一样，倘然我的意思是可行的，行了出去竟得到我所预期的结果，那就好比兑现的支票一样，不然，那就是不兑现的支票了。所以在实验主义看来，意思都是假设的，都是要待人家去试验的。

丙、应用到信仰上去 信仰比意思更进一层了，意思是完全假设的。意思等到试验对了之后方成信仰，然而信仰并不是一定不易的，须得试验试验才好。譬如地球扁平的一说，当初也成为信仰，但是现在观察出来，地球并不是这样，所以这信仰就打破了。又譬如我们假使信仰上帝是仁慈的，但何以世界上有这样的大战，可见得信仰是并非完全靠得住，必得把现在的事情实地去考察一番，方才见得这种信仰是否合理。迷信的事姑且勿论，就是普通社会的信条也未必是完全合情合理的，在实际主义看来，那都要待人试验的。

上面所说的实际主义方法的应用，和教育究竟有什么关系呢？这个问题的答案就是，教育事业当养成实事求是的人才。勿可专读死书，却去教实在的事物；勿可专被书中意思所束缚，却当估量这种意思是否有实际的教果；勿可专信仰前人的说话，却当去推求这些信条是否合于实情。

二、真理论 实验主义关于真理的论据，前面已经讲得不少了。此处所要说明的，就是“真理都是工具”一句话。譬如三纲五常从前在中国成为真理，就因为在宗法社会的时候，这个“纲常”的理论，实在可以被我们用作工具来范围人心，并且着实见些功效。到了现在社会的情形变了，这个“纲常”也好像是没用工具一般，只好丢去，另寻别的适用的工具了。既然如此，所以真理是常常改变的。捷姆斯博士说过，大凡真理都是替我们做过媒来的，都是替我们摆过渡来的，因为倘然我们发现了一种事物的变化，不能用旧时的真理去解释他，就不得不另创新的真理去解释，这种新的真理就是替我们和事变做媒摆渡，而旧理的做媒摆渡的功用失去了。所以实际主义对于真理的观念，是要养成主动的思想，去批评真理的，不是养成被动的思想，做真理的奴隶。譬如“不孝有三，无后为大”“妇者服于人也”，这些话都是中国前代的真理。但是我们要考察这些真理是否合于现在社会的情形，然后来定他们的是非。

三、实在论 实在论就是宇宙论，也就是世界观，那是哲学的问题。照实际主义说世界是人造的。所以各人眼光中的世界是大不相同，譬如同在一块地方，诗人的世界是风花水月之类，工人的世界是桥梁屋宇之类，各人有各人注意的所在，也就是各人有各人的世界。并且世界是由小而大的，各人的生活经验越增加，那世界的范围越扩大，生活的乐趣也越增加。所以实际主义学者的世界是实在的世界，不是空虚的世界。那佛教所创造的“极乐国”“天堂”“涅槃世界”“极乐世界”等都是空空洞洞不可捉摸的，并且他们看的世界是烦恼困苦，怕生活，怕经验，所以才创造这些世界来引诱人。但是实际主义学者像捷姆斯一般人都说世界是人造的，很危险的，很不平安的，人类该当由经验去找安乐，该当冒险去造世界。假使有上帝，那么仿佛上帝对我们说：“我是不能为你们的安乐保险的，但是你们毕竟努力，或者可以得着安乐。”实际主义的意思，以为惟有懦夫是不敢生活的，否则都应该在这实在世界中讨生活。

现在我把实验主义的要点说起来做一总束，我们人类当从事实上求真确的知识，训练自己去利用环境的事务，养成创造的能力，去做真理的主人。

非个人主义的新生活[①]

这个题目是我在山东道上想着的，后来曾在天津学生联合会的学术讲演会讲过一次，又在唐山的学术讲演会讲过一次。唐山的演稿由一位刘赞清君记出，登在一月十五日《时事新报》上。我这一篇的大意是对于新村的运动贡献一点批评。这种批评是否合理，我也不敢说。但是我自信这一篇文字是研究考虑的结果，并不是根据于先有的成见的。

九，一，二二

① 1920年1月上旬在唐山学术演讲会上讲，刘赞清记录，初载1920年1月15日上海《时事新报》。

本篇有两层意思：一是表示我不赞成现在一般有志青年所提倡，我所认为"个人主义的"新生活。一是提出我所主张的"非个人主义的"新生活，就是"社会的"新生活。

先说什么叫做"个人主义"（Individualism）。一月二日夜（就是我在天津讲演前一晚），杜威博士在天津青年会讲演《真的与假的个人主义》，他说：个人主义有两种：

一、假的个人主义——就是为我主义（Egoism）。他的性质是自私自利：只顾自己的利益，不管群众的利益。

二、真的个人主义——就是个性主义（Individuality）。他的特性有两种：一是独立思想，不肯把别人的耳朵当耳朵，不肯把别人的眼睛当眼睛，不肯把别人的脑力当自己的脑力；二是个人对于自己思想信仰的结果要负完全责任，不怕权威，不怕监禁杀身，只认得真理，不认得个人的利害。

杜威先生极力反对前一种假的个人主义，主张后一种真的个人主义。这是我们都赞成的。但是他反对的那种自私自利的个人主义的害处，是大家都明白的。因为人多明白这种主义的害处，故他的危险究竟不很大。例如东方现在实行这种极端为我主义的"财主督军"，无论他们眼前怎样横行，究竟逃不了公论的怨恨，究竟不会受多数有志青年的崇拜。所以我们可以说这种主义的危险是很有限的。

但是我觉得"个人主义"还有第三派，是很受人崇敬的，是格外危险的。这一派是：

三、独善的个人主义，他的共同性质是：不满意于现社会，却又无可如何，只想跳出这个社会去寻一种超出现社会的理想生活。

这个定义含有两部分：（1）承认这个现社会是没有法子挽救的了；（2）要想在现社会之外另寻一种独善的理想生活。

自有人类以来，这种个人主义的表现也不知有多少次了。简括说来，共有四种：

（一）宗教家的极乐国　如佛家的净土，犹太人的伊丁园，别种宗教的天堂、天国，都属于这一派。这种理想的源起，都由于对现社会不满意。因为厌恶现社会，故悬想那些无量寿、无量光的净土；不识不知，完全天趣的伊丁园，只有快乐，毫无痛苦的天国。这种极乐国里所没有的，都是他们所厌恨的；所有的，都是他们所梦想而不能得到的。

（二）神仙生活　神仙的生活也是一种悬想的超出现社会的生活。人世有疾病痛苦，神仙无病长生；人世愚昧无知，神仙能知过去未来；人生不自由，神仙乘云遨游，来去自由。

（三）山林隐逸的生活　前两种是完全出世的，他们的理想生活是悬想的，渺茫的出世生活。山林隐逸的生活虽然不是完全出世的，也是不满意于现社会的表示。他们不满意于当时的社会政治，却又无能为力，只得隐姓埋名，逃出这个恶浊社会去做他们自己理想中的生活。他们不能“得君行道”，故对于功名利禄，表示藐视的态度。他们痛恨富贵的人骄奢淫逸，故说富贵如同天上的浮云，如同脚下的破草鞋。他们痛恨社会上有许多不耕而食、不劳而得的“吃白阶级”，故自己耕田锄地，自食其力。他们厌恶这污浊的社会，故实行他们理想中梅妻鹤子、渔蓑钓艇的洁净生活。

（四）近代的新村生活　近代的新村运动，如十九世纪法国美国的理想农村，如现在日本日向的新村，照我的见解看起来，实在同山林隐遁的生活是根本相同的。那不同的地方，自然也有。山林隐逸是没有组织的，新村是有组织的：这是一种不同。隐逸的生活是同世事完全隔绝的，故有“不知有汉，遑论魏晋”的理想；现在的新村的人能有赏玩 Rodin 同 Cézanne 的幸福，还能在村外著书出报：这又是一种不同。但是这两种不同都是时代造成的，是偶然的，不是根本的区别。从根本性质上看来，新村的运动都是对于现社会不满意的表示。即如日向的新村，他们对于现在“少数人在多数人的不幸上，筑起自己的幸福”的社会制度，表示不满意，自然是公认的事实。周作人先生说日向新村里有人把中国看作“最自然，最自在的国”（《新潮》二，页七五）。这是他们对于日本政制极不满意的一种牢骚话，很可玩味的。武者小路实笃先生一班人虽然极不满意于现社会，却又不赞成用“暴力”的改革。他们都是“真心仰慕着平和”的人。他们于无可如何之中，想出这个新村的计划来。周作人先生说，“新村的理想，要将历来非暴力不能做到的事，用和平方法得来。”（《新青年》七，二，一三四）这个和平方法就是离开现社会，去做一种模范的生活。“只要万人真希望这种的世界，这世界便能实现。”（《新青年》同上）这句话不但是独善主义的精义，简直全是净土宗的口气了！所以我把新村来比山林隐逸，不算冤枉他；就是把他来比求净土天国的宗教运动，也不算玷辱他。不过他们的“净土”是在日向，不在西天罢了。

我这篇文章要批评的“个人主义的新生活”，就是指这一种跳出现社会的新村生活。这种生活，我认为是“独善的个人主义”的一种。“独善”两个字是从孟轲“穷则独善其身”一句话上来的。有人说：新村的根本主张是要人人“尽了对于人类的义务，却又完全发展自己个性”；如此看来，他们既承认“对于人类的义务”，如何还是独善的个人主义呢？我说：这正是个人主义的证据。试看古今来主张个人主义的思想家，从希腊的“狗派”（Cynic）以至十八九世纪的个人主义，哪一个不是一方面崇拜个人，一方面崇拜那广漠的“人类”的？主张个人主义的人，只是否认那些切近的伦谊，——或是家族，或是“社会”，或是国家，——但是因为要推翻这些比较狭小逼人的伦谊，不得不捧出那广漠不逼人的“人类”。所以凡是个人主义的思想家，没有一个不承认这个双重关系的。

新村的人主张“完全发展自己个性”，故是一种个人主义。他们要想跳出现社会去发展自己个性，故是一种独善的个人主义。

这种新村的运动，因为恰合现在青年不满意于现社会的心理，故近来中国也有许多人欢迎、赞叹，崇拜。我也是敬仰武者先生一班人的，故也曾仔细考究这个问题。我考究的结果是不赞成这种运动，我以为中国的有志青年不应该仿行这种个人主义的新生活。

这种新村的运动有什么可以反对的地方呢？

第一，因为这种生活是避世的，是避开现社会的。这就是让步。这便不是奋斗。我们自然不应该提倡“暴力”，但是非暴力的奋斗是不可少的。我并不是说武者先生一班人没有奋斗的精神。他们在日本能提倡反对暴力的论调，——如《一个青年的梦》——自然是有奋斗精神的。但是他们的新村计划想避开现社会里“奋斗的生活”，去寻那现社会外“生活的奋斗”，这便是一大让步。武者先生的《一个青年的梦》里的主人翁最后有几句话，很可玩味。他说：

> ……请宽恕我的无力。——宽恕我的话的无力。但我心里所有的对于美丽的国的仰慕，却要请诸君体察的。……（《新青年》七，二，一〇二）

我们对于日向的新村应该作如此观察。

第二，在古代，这种独善主义还有存在的理由；在现代，我们就不该崇拜他了。古代的人不知道个人有多大的势力，故孟轲说："穷则独善其身，达则兼善天下。"古人总想，改良社会是"达"了以后的事业，得君行道以后的事业；——故承认个人——穷的个人——只能做独善的事业，不配做兼善的事业。古人错了，现在我们承认个人有许多事业可做。人人都是一个无冠的帝王，人人都可以做一些改良社会的事。去年的五四运动和六三运动，何尝是"得君行道"的人做出来的？知道个人可以做事，知道有组织的个人更可以做事，便可以知道这种个人主义的独善生活是不值得模仿的了。

第三，他们所信仰的"泛劳动主义"是很不经济的。他们主张："一个人生存上必要的衣食住，论理应该用自己的力去得来，不该要别人代负这责任。"这话从消极一方面看——从反对那"游民贵族"的方面看，自然是有理的。但是从他们的积极实行方面看，他们要"人人尽劳动的义务，制造这生活的资料"——就是衣食住的资料——这便是"矫枉过正"了。人人要尽制造衣食住的资料的义务，就是人人要加入这生活的奋斗。（周作人先生再三说新村里平和幸福的空气，也许不承认"生活的奋斗"的话，但是我说的，并不是人同人争面包米饭的奋斗，乃是人在自然界谋生存的奋斗；周先生说新村的农作物至今还不够自用，便是一证。）现在文化进步的趋势，是要使人类渐渐减轻生活的奋斗至最低度，使人类能多分一些精力出来，做增加生活意味的事业。新村的生活使人人都要尽“制造衣食住的资料”的义务，根本上否认分工进化的道理，增加生活的奋斗，是很不经济的。

第四，这种独善的个人主义的根本观念就是周先生说的“改造社会，还要从改造个人做起。”我对于这个观念，根本上不能承认。这个观念的根本错误在于把“改造个人”与“改造社会”分作两截；在于把个人看作一个可以提到社会外去改造的东西。要知道个人是社会上种种势力的结果。我们吃的饭，穿的衣服，说的话，呼吸的空气，写的字，有的思想，……没有一件不是社会的。我曾有几句诗，说：“……此身非吾有：一半属父母，一半属朋友。”当时我以为把一半的我归功社会，总算很慷慨了。后来我才知道这点算学做错了！父母给我真是极少的一部分。其余各种极重要的部分，如思想、信仰、知识、技术、习惯等等，大都是社会给我的。我穿线袜的法子是一个徽州同乡教我的；我穿皮鞋打的结能不散开，是一个美国女朋友教我的。这两件极细碎的例，很可以说明这个“我”是社会上无数势力所造成的。社会上的“良好分子”并不是生成的，也不是个人修炼成的，——都是因为造成他们的种种势力里面，良好的势力比不良的势力多些。反过来，不良的势力比良好的势力多，结果便是“恶劣分子”了。古代的社会哲学和政治哲学只为要妄想凭空改造个人，故主张正心，诚意，独善其身的办法。

这种办法其实是没有办法，因为没有下手的地方。近代的人生哲学渐渐变了，渐渐打破了这种迷梦，渐渐觉悟：改造社会的下手方法在于改良那些造成社会的种种势力——制度、习惯、思想、教育等等。那些势力改良了，人也改良了。所以我觉得“改造社会要从改造个人做起”还是脱不了旧思想的影响。我们的根本观念是：

个人是社会上无数势力造成的。

改造社会须从改造这些造成社会、造成个人的种种势力做起。

改造社会即是改造个人。

新村的运动如果真是建筑在“改造社会要从改造个人做起”一个观念上，我觉得那是根本错误了。改造个人也是要一点一滴的改造那些造成个人的种种社会势力。不站在这个社会里来做这种一点一滴的社会改造，却跳出这个社会去“完全发展自己个性”，这便是放弃现社会，认为不能改造；这便是独善的个人主义。

以上说的是本篇的第一层意思。现在我且简单说明我所主张的“非个人主义的”新生活是什么。这种生活是一种“社会的新生活”；是站在这个现社会里奋斗的生活，是霸占住这个社会来改造这个社会的新生活。他的根本观念有三条：

一、社会是种种势力造成的，改造社会须要改造社会的种种势力。这种改造一定是零碎的改造——一点一滴的改造，一尺一步的改造。无论你的志愿如何宏大，理想如何彻底，计划如何伟大，你总不能笼统的改造，你总不能不做这种“得寸进寸，得尺进尺”的工夫。所以我说：社会的改造是这种制度那种制度的改造，是这种思想那种思想的改造，是这个家庭那个家庭的改造，是这个学堂那个学堂的改造。

（附注）有人说：“社会的种种势力是互相牵制的，互相影响的。这种零碎的改造，是不中用的。因为你才动手改这一种制度，其余的种种势力便围拢来牵制你了。如此看来，改造还是该做笼统的改造。”我说不然。正因为社会的势力是互相影响牵制的，故一部分的改造自然会影响到别种势力上去。这种影响是最切实的，最有力的。近年来的文字改革，自然是局部的改革，但是他所影响的别种势力，竟有意想不到的多。这不是一个很明显的例吗？

二、因为要做一点一滴的改造，故有志做改造事业的人必须要时时刻刻存研究的态度，做切实的调查，下精细的考虑，提出大胆的假设，寻出实验的证明。这种新生活是研究人的生活，是随时随地解决具体问题的生活。具体的问题多解决了一个，便是社会的改造进了那么多一步。做这种生活的人要睁开眼睛，公开心胸；要手足灵敏，耳目聪明，心思活泼；要欢迎事实，要不怕事实；要爱问题，要不怕问题的逼人！

三、这种生活是要奋斗的，那避世的独善主义是与人无忤，与世无争的，故不必奋斗。这种“淑世”的新生活，到处翻出不中听的事实，到处提出不中听的问题，自然是很讨人厌的，是一定要招起反对的。反对就是兴趣的表示，就是注意的表示。我们对于反对的旧势力，应该作正当的奋斗，不可退缩。我们的方针是：奋斗的结果，要使社会的旧势力不能不让我们；切不可先就偃旗息鼓退出现社会去，把这个社会双手让给旧势力。换句话说，应该使旧社会变成新社会，使旧村变为新村，使旧生活变为新生活。

我且举一个实际的例。英美近二三十年来，有一种运动，叫做“贫民区域居留地”的运动（Social Settlements）。这种运动的大意是：一班青年的男女——大都是大学的毕业生——在本地拣定一块极龌龊、极不堪的贫民区域，买一块地，造一所房屋。这一班人便终日在这里面做事。这屋里，凡是物质文明所赐的生活需要品——电灯，电话，热气，浴室，游水池，钢琴，话匣，等等——无一不有。他们把附近的小孩子——垢面的孩子，顽皮的孩子，都招拢来，教他们游水，教他们读书，教他们打球，教他们演说辩论，组成音乐队，组成演剧团，教他们演戏奏艺。还有女医生和看护妇，天天出去访问贫家，替他们医病，帮他们接生和看护产妇。病重的，由“居留地”的人送入公家医院。因为天下贫民都是最安本分的，他们眼见那高楼大屋的大医院，心里以为这定是为有钱人家造的，决不是替贫民诊病的；所以必须有人打破他们这种见解，教他们知道医院不是专为富贵人家的。还有许多贫家的妇女每日早晨出门做工，家里小孩子无人看管，所以“居留地”的人教他们把小孩子每天寄在“居留地”里，有人替他们洗浴，换洗衣服，喂他们饮食，领他们游戏。到了晚上，他们的母亲回来了，各人把小孩领回去。这种小孩从小就在洁净慈爱的环境里长大，渐渐养成了良好习惯，回到家中，自然会把从前的种种污秽的环境改了。家中的大人也因时时同这种新生活接触，渐渐的改良了。我在纽约时，曾常常去看亨利街上的一所居留地，是华德女士（Lilian Wald）办的。有一晚我去看那条街上的贫家子弟演戏，演的是贝里（Barry）的名剧。我至今回想起来，他们演戏的程度比我们大学的新戏高得多咧！

这种生活是我所说的“非个人主义的新生活”！是我所说的“变旧社会为新社会，变旧村为新村”的生活！这也不是用“暴力”去得来的！我希望中国的青年要做这一类的新生活，不要去模仿那跳出现社会的独善生活。我们的新村就在我们自己的旧村里！我们所要的新村是要我们自己的旧村变成的新村！

可爱的男女少年！我们的旧村里我们可做的事业多得很咧！村上的鸦片烟灯还有多少？村上的吗啡针害死了多少人？

村上缠脚的女子还有多少？村上的学堂成个什么样子？村上的绅士今年卖选票得了多少钱？村上的神庙香火还是怎样兴旺？村上的医生断送了几百条人命？村上的煤矿工人每日只拿到五个铜子，你知道吗？村上多少女工被贫穷逼去卖淫，你知道吗？村上的工厂没有避火的铝梯，昨天火起，烧死了一百多人，你知道吗？村上的童养媳妇被婆婆打断了一条腿，村上的绅士逼他的女儿饿死做烈女，你知道吗？

有志求新生活的男女少年！我们有什么权利，丢开这许多的事业去做那避世的新村生活！我们放着这个恶浊的旧村，有什么面孔，有什么良心，去寻那“和平幸福”的新村生活！

我们对于学生的希望[①]

今天是五月四日。我们回想去年今日，我们两人都在上海欢迎杜威博士，直到五月六日方才知道，北京五月四日的事。日子过的真快，匆匆又是一年了！

当去年的今日，我们心里只想留住杜威先生在中国讲演教育哲学；在思想一方面提倡实验的态度和科学的精神；在教育一方面而输入新鲜的教育学说，引起国人的觉悟，大家来做根本的教育改革。这是我们去年今日的希望。不料时势的变化大出我们的意料之外，这一年以来，教育界的风潮几乎没有一个月平静的；整整的一年光阴就在风潮扰攘里过去了。

---

① （原载1920年5月4日《晨报副刊》，又载1920年5月《新教育》第2卷第5期）

这一年的学生运动，从远大的观点看起来，自然是几十年来的一件大事。从这里面发出来的好效果，自然也不少；引起学生的自动的精神，是一件；引起学生对于社会国家的兴趣，是二件；引出学生的作文演说的能力，组织的能力，办事的能力，是三件；使学生增加团体生活的经验，是四件；引起许多学生求知识的欲望，是五件；这都是旧日的课堂生活所不能产生的，我们不能不认为学生运动的重要的贡献。

社会若能保持一种水平线以上的清明，一切政治上鼓吹和设施，制度上的评判和革新，都应该有成年的人去料理；未成年的一代人，（学生时代之男女）应该有安心求学的权利，社会也用不着他们求做学校生活之外的活动。但是我们现在不幸生在这个变态的社会里，没有这种常态社会中人应该有的福气；社会上许多事被一班成年的或老年的人弄坏了，别的阶级又都不肯出来干涉纠正，于是这种干涉纠正的责任遂落在一般未成年的男女学生的肩膀上。这是变态的社会里一种不可免的现象。现在有许多人说学生不应该干预政治，其实并不是学生自己要这样干，这都是社会和政府硬逼出来。如果社会国家的行为没有受学生干涉纠正的必要，如果学生能享受安心求学的幸福而不受外界的强烈的刺激和良心上的督责，他们又何必甘心抛了宝贵的光阴，冒着生命的危险，来做这种学生运动呢？

简单一句话：在变态的社会国家里面，政府太卑劣腐败了，国民又没有正式的纠正机关（如代表民意的国会之类）。那时候，干预政治的运动，一定要从青年的学生界发生的。汉末的太学生，宋代的太学生，明末的结社，戊戌政变以前的公车上书，辛亥以前的留学生革命党，俄国从前的革命党，德国革命前的学生运动，印度和朝鲜现在的运动，中国去年的五四运动与六三运动，都是同一个道理，都是有发生的理由的。

但是我们不要忘记：这种运动是非常的事，是变态的社会里不得已的事，但是他不是很不经济的不幸事。因为是不得已，故他的发生是可以原谅的。因为是很不经济的不幸事，故这种运动是暂时不得已的救急的办法，却不可翻存在的。

荒唐的中年老年人闹下了乱子，却要未成年的学子抛弃学业，荒废光阴，来干涉纠正：这是天下最不经济的事。况且中国眼前的学生运动更是不经济。何以故呢？试看自汉末以来学生运动，试看俄国德国印度朝鲜的学生运动，哪有一种用罢课作武器的？即如去年的五四与六三，这两次的成绩可是单靠罢课代武器的吗？单靠用罢课作武器，是最不经济的方法，是下下策，屡用不已，是学生运动破产的表现！

罢课于旁人无损，于自己却有大损失，这是人人共知的。但我们看来，用罢课作武器，还有精神上的很大损失：

（一）养成依赖群众的恶心理。现在的学生很像忘了个人自己有许多事可做，他们很像以为不全体罢课便无事可做。

个人自己不肯牺牲，不敢做事，却要全体罢了课来呐喊助威，自己却躲在大众群里跟着呐喊，这种依赖群众的心理是懦夫的心理！

（二）养成逃学的恶习惯。现在罢课的学生，究竟有几个人出来认真做事？其余无数的学生，既不办事，又不自修，究竟为了什么事罢课？从前还可说是“激于义愤”的表示，大家都认作一种最重大的武器，不得已而用之。久而久之，学生竟把罢课的事看作平常的事。我们要知道，多数学生把罢课看作很平常的事，这便是逃学习惯已养成的证据。

（三）养成无意识的行为的恶习惯。无意识的行为，就是自己说不出为什么要做的行为。现在不但学生把罢课看做很平常的事，社会也把学生罢课看做很平常的事，一件很重大的事，变成了很平常的事，还有什么功效灵验呢？既然明知没有灵验功效，却偏要去做；一处无意识的做了，别处也无意识的盲从，这种心理的养成，实在是眼前和将来最可悲观的现象。

以上说的是我们对于现在学生运动的观察。我们对于学生的希望，简单说来，只有一句话：“我们希望学生从今以后要注意课堂里，操场上，课余时间里的学生生活：只有这种学生活动是能持久又最有功效的。”这种学生活动有三个重要部分：（1）学问的生活，（2）团体的生活，（3）社会服务的生活。

第一，学问的生活。这一年以来，最可使人乐观的一种好现象，就是许多学生于知识学问的兴趣渐渐增加了。新出的出版物的销数增加，可以估量求知识的兴趣增加。我们希望现在的学生充分发展这点新发生的兴趣，注重学问的生活。要知道社会国家的大问题，决不是没有学问的人能解决的。我们说的“学问的生活”并不限于从前的背书抄讲义的生活。我们希望学生——无论中学大学——都能注重下列的几项细目：

（1）注重外国文。现在中文的出版物实在不够满足我们求知的欲望。求新知识的门径在于外国文。每个学生至少须要能用一种外国语看书。学外国语须要经过查生字，记生字的第一难关。千万不要怕难。若是学堂里的外国文教员确是不好，千万不要让他敷衍你们，不妨赶他跑。

（2）注重观察事实与调查事实。这是科学训练的第一步。要求学校里用实验来教授科学。自己去采集标本，自去观察调查。观察调查须要有个目的——例如本地的人口、风俗、出产、植物、鸦片烟馆等项的调查——还要注重团体的互助，分工合作，做成有系统的报告。现在的学生天天谈“二十一条”，究竟二十一条是什么东西，有几个人说得出吗？天天谈“高徐济顺”，究竟有几个人指得出这条路在什么地方吗？这种不注重事实的习惯，是不可不打破的。打破这种习惯的惟一法子，就是养成观察调查的习惯。

（3）建设的促进学校的改良。现在的学校课程和教员一定有许多不能满足学生求学的欲望的。我们学生不要专做破坏的攻击，须要用建设的精神，促进学校的改良。与其提倡考试的废止，不如提倡考试的改良；如其攻击校长不多买博物标本，不如提倡学生自己采集标本。这种建设促进，比教育部和教育厅的命令功效大得多咧。

（4）注重自修。灌进去的知识学问是没有多大用处的。真正可靠的学问都是从自修得来的。自修的能力是求学问的惟一条件。不养成自修的能力，决不能求学问。自修应注重的事是：（一）看书的能力；（二）要求学校购备参考书报，如大字典、词典、重要的大部书之类；（三）结合同学多买书报，交换阅看；（四）要求教员指导自修的门径和自修的方法。

第二，团体的生活。五四运动以来，总算增加了许多的学生的团体生活的经验。但是现在的学生团体有两大缺点：一是内容太偏枯了，二是组织太不完备了。内容偏枯的补救，应注意各方面的“俱分并进”。（1）学术的团体生活，如学术研究会或讲演会之类。应该注重自动的调查、报告、试验、讲演。（2）体育的团体生活，如足球、运动会、童子军、野外幕居、假期旅行等等。（3）游艺的团体生活，如音乐、图书、戏剧等等。（4）社交的团体生活，如同学茶话会、家人恳亲会、师生恳亲会、同乡会等等。（5）组织的团体生活，如本校学生会、自治会、各校联合会、学生联合总会之类。要补救组织不完备，应注重世界通行的议会法规（Pariamenop Law）的重要条件。简单的说来，至少须有下列的几个条件：（1）法定开会人数。这是防弊的要件。（2）动议的手续。与修正议案的手续。这是会议法规里最繁难又最重要的一项。（3）发言的顺序。这是维持秩序的要件。（4）表决的方法。（一）须规定某种议案必须全体几分之几的可决，某种必须到会人数几分之几的可决，某种仅须过半数的可决。（二）须规定某种重要议案必须用无记名投票，某种必须用有记名投票，某种可用举手的表决。（5）凡是代表制的联合会——无论校内校外——皆须有复决制（referendum）。遇重大的案件，代表会议议决案必须再经过会员的总投票，总会的议决案，必须再经过各分会的复决。（6）议案提出后，应有规定的讨论时间，并须限制每人发言的时间与次数。现在许多学生会的章程只注重职员的分配，却不等重这些最紧要的条件，这是学生团体失败的一个大原因。此外还须注意团体生活最不可少的两种精神：（1）容纳反对党的意见，现在学生会议的会场上，对于不肯迎合群众心理的言论，往往有许多威压的表示，这是暴民专制，不是民治精神。民治主义的第一个条件就是要使各方面的意见都可以自由发表。（2）人人要负责任，天下有许多事都是不肯负责任的“好人”弄坏的。好人坐在家里叹气，坏人在议场做戏，天下事所以败坏了。不肯出头负责任的人，便是团体的罪人，便不配做民治国家的国民。民治主义的第二个条件是人人要负责任，要尊重自己的主张，要用正当的方法来传播自己的主张。

第三，社会服务的生活。学生运动是学生对于社会国家的利害发生兴趣的表示，所以各处都有平民夜学，平民讲演的发起。我们希望今后的学生继续推广这种社会服务的事业。这种事业，一来是救国的根本办法，二来是学生的现力做得到的，三来可以发展学生自己的学问与才干，四来可以训练学生待人接物的经验。我们希望学生注意以下几点：（1）平民夜校。注重本地的需要，介绍卫生的常识，职业的常识，和公民的常识。（2）通俗讲演。现在那些"同胞快醒，国要亡了"，"杀卖国贼"，"爱国是人生的义务"等等空话的讲演，是不能持久的，说了两三遍就没有用了。我们希望学生注重科学常识的讲演、改良风俗的讲演、破除迷信的讲演。譬如你今天演说"下雨"，你不能不先研究雨是怎样来的，何以从天上下来；听的人也可以因此知道雨不是龙王菩萨洒下来的，也可以知道雨不是道士和尚求得下来的。又如你明天演说"种田何以须用石灰作肥料"，你就不能不研究石灰的化学性，听的人也可以因此知道肥料的道理。这种讲演，不但于人有益，于自己也极有益。（3）破除迷信的事业。我们希望学生不但用科学的道理来解释本地的种种迷信，并且还要实行破除迷信的事业。如求神合婚、求仙言、放焰口、风水等等迷信，都该破除。学生不来破除迷信，迷信是永远不会破除的。（4）改良风俗的事业。我们希望学生用力去做改良风俗的事业。譬如女子缠足的，现在各处多有。学生应该组织天足会，相戒不娶小脚的女子。不能解放你的姊妹的小脚，他就不配谈“女子解放”。又如鸦片烟与吗啡，现在各处仍旧很销行，学生应该组织调查队，侦探队，或报告官府，或自动的捣毁烟间与吗啡店。你不能干涉你村上的鸦片吗啡，你也不配干预国家的大事。

以上说的是我们对于学生的希望。

学生运动已发生了，是青年一种活动力的表现，是一种好现象，决不能压下去的；也决不可把它压下去的。我们对于办教育的人的忠告是：“不要梦想压制学生运动；学潮的救济只有一个法子，就是引导学生向有益有用的路上去活动。”

学生运动现在四面都受攻击，五四的后援也没有了，六三的后援也没有了。我们对于学生的忠告是：“单靠用罢课作武装是下下策，可一而再再而三的么？学生运动如果要想保存五四和六三的荣誉，只有一个法子，就是改变活动的方向，把五四和六三的精神用到学校内外有益有用的学生活动上去。”

我们讲的话，是很直率，但这都是我们的老实话。

女子问题[1]

我本没有预备讲这个题目，到安庆后，有一部分人要求讲这个，这问题也是很重要的，所以就临时加入了。

人类有一种“半身不遂”的病，在中风之后，有一部分麻木不仁；这种人一半失了作用，是很可怜的。诸位！我们社会上也害了这“半身不遂”的病几千年了，我们是否应当加以研究?

世界人类分男女两部，习惯上对于男子很发展，对于女子却剥夺她的自由，不准她发展，这就是社会的“半身不遂”的病。社会有了“半身不遂”的病，当然不是健全的社会了。女子问题发生，给我们一种觉悟，不再牺牲一半人生

① 1921年8月4日夜胡适在安庆青年会的演讲，张友鸾、陈东原记录，原载1922年5月1日《妇女杂志》第8卷第5号。

的天才自由，让女子本来有的天才，享受应有的权利，和男子共同担任社会的担子；使男子成一个健全的人，女子也成一个健全的人！于是社会便成了一个健全的社会！

我们以前从不将女子当做人：我们都以为她是父亲的女儿，以为她是丈夫的老婆，以为她是儿子的母亲；所以有“在家从父，出嫁从夫，夫死从子”的话，从来总不认她是一个人！在历史上，只有孝女、贤女、烈女、贞女、节妇、慈母，却没有一个“女人”！诸位！在历史上也曾见过传记称女子是人的么？

研究女子教育是研究什么？昔日提倡女子教育的，是提倡良妻贤母；须知道良妻贤母是“人”，无所谓“女子”的。女子愿做良妻贤母，便去做她的良妻贤母，假使女子不愿意做良妻贤母，依旧可以做她的人的。先定了这个目标，然后再说旁的。

女子问题可以分两部分讲：

（一）女子解放。

（二）女子改造。

解放一部分是消极的。解放中包含有与束缚对待的意思，所以是消极的。改造却是积极的。改造是研究如何使女子成为人，用何种方法使女子自由发展。

（一）女子解放。解放必定先有束缚。这有两种讲法：一是形体的，一是精神的。

先讲形体的解放。在从前男子拿玩物看待女子，女子便也以玩物自居；许多不自由的刑具，女子都取而加在自己身上。现在算是比较的少了，如缠足、穿耳朵、束胸……等等都是，可以算得形体上已解放了。这种不过谈女子解放中的初级。试问除了少数受过教育的女子而外，中国有多少女子不缠足？如果我们不能实行天足运动，我们就不配谈女子解放！——我来安庆的时候，所见的女子，大半是缠足；这可以用干涉、讲演种种方法禁止她们，我希望下次再来安庆的时候，见不着一个缠足女子！——再谈束胸，起初因为美观起见，并不问合卫生与否。我的一个朋友曾经对我说，假使个个女子都束胸，以后都不可以做人的母亲了！

次讲精神的解放。在解放上面，以精神解放最为重要。精神解放怎样讲？——就是几千年来，社会上男子用了许多方法压制女子，引诱女子，便是女子精神上的手镣脚铐。择几桩大的说：

第一，未讲之先，提出一个标准来——标准就是“为什么？”——“女子不为后嗣”。中国古时候最重的是“有后”——女子不算——家中有财产，女儿不能承受；没有儿子的，一定去在弟兄的儿子中间找一个来承继受领。女子的不能为后嗣，大半为着经济缘故，所以应当从经济方面提倡独立。有一个人临死，分财产做三股，两个女儿得两股，一个侄子得一股，但是他的本家，还要打官司。这个观念如若不打破，对于经济，对于道德，都有极大的关系。还有“娶妾”。一个人年长了，没有儿子，大家便劝他娶妾，就是他的夫人，也要劝他，不如此，人家便要说她不贤慧——请问这一种恶劣的行为，是从什么地方产生的？再进一步说，既然同认女子是个人，又何以不能承受财产，不能为后？——这是应当打破的邪说之一！

第二，“女子贞操问题”。何谓贞操？——贞操是因男女间感情浓厚，不愿意再及于第三者身上。依新道德讲，男女都应当守贞操，历史上沿习却不然，男子可以嫖，可以纳妾；女子既不可以和人家通奸，反要受种种的限制，大概拿牌坊引诱，使女子守一个无爱情没有见过面的人，一部分女子，因而被他们引诱了。如此的社会，实在是杀人不抵命的东西！贞操实是双方男女共有的。我从前说：“男子嫖婊子，与女子和人通奸，是有同等的罪！”所以，“男子叫女子守节，女子也可以叫男子守节！男子如果可以讨姨太太，女子也就可以娶姨老爷！”谢太傅——谢安——晚年想纳妾，但他却怕老婆。他的朋友劝他，说公例可以纳妾；他的夫人在里面应道：“婆例不可！”——历来都用惯了“公例”，未常实行“婆例”。这种虚伪的贞操，委实可以打破。再简单说：“贞操是根据爱情的，是双方的！男子可以不守节，女子也可以不守节！”

第三，“女子责在阃内说”。女子的职务，在家庭以内，这种学说也是捆女子的一根铁索，如果不打断，就难说到解放。有许多女子，足能够做学问，可以学美术、文学……可以当教员……；有许多男子，只配抱孩子、煮饭的。有许多事，男子不能做而女子能做。如果不打破这种学说，只是养成良妻贤母，实在不行。我们要使女子发展天才，决不能叫她永远须在家里头。女子会抱孩子、煮饭，也只是女子中的一部分，女子决不全是会抱孩子、煮饭的；有天才的女子，却往往因为这个缘故，不得尽量的发展。就说女子不能做他种事业，但她们做教师便比男子好得多了。总结一句：我们不应当拿家里洗衣、煮饭、抱孩子许多事体来难女子。我们吃饭，可以吃一品香、海洞春厨子做的，衣服可以拿到洗衣厂里去洗！

第四，“防闲的道德论”。由古代相传，男子对女子总有怀疑的态度，总有防闲的道德。现在人对女子，依旧有这一种态度。我所说安庆讲演会里职员，有许多女子加入，便引起了社会上的非难。我将告诉他们：“防闲决不是道德！”如把鸟雀关在笼中，一放他便飞了；不然，一年两年的工夫，也就闷死了。当我在西洋的时候．见中国许多留学生，常常闹笑话，在交际场中，遇了女子和他接洽，他便以为有意。由此，我连带想起一件故事。某人的笔记上说：“有一个老和尚，养了一个小孩子，作为小和尚；老和尚对他防闲得厉害，使他不知世故。某年，老和尚带这小和尚下山，小和尚一件东两也不认识，逢到东西，老和尚不等他问，便一一的告诉他，恰巧有个女子经过，老和尚恐怕他沾染红尘，便不和他说。小和尚就问，老和尚便扯道：这是吃人的老鬼。等到回山的时候，老和尚便问他下山一日，有所爱否？小和尚说，所爱的只是吃人的老鬼！”防闲的道德，就是最不道德！我国学生，何以多说是不道德？实是因为防闲太厉害了，一遇到恶人，便要堕落！我希望以后要打破防闲的道德论！平心而论，完全自由，也有流弊，不过总不可因噎废食的。不要以一二人的堕落而及于全部。而且自由的流弊，决不是防闲所可免，若求自由无流弊，必定要再加些自由于上面；自由又自由，丝毫流弊都没有了！因为怕流弊而禁止自由，流弊必定更多，且更不自由了！社会上应存“容人的态度”，须知社会上决没有无流弊的。张小姐闹事，只是张小姐；李小姐闹事，只是李小姐；决不能因为一两人而及于全体的！愿再加解放许多自由，叫他们晓得所以，自然没有流弊了！

（二）女子改造。改造方面，比较简单些。解放是对外的要求；改造却是对内的要求，但也不完全靠自已的！

先说内部。女子本身的改造，无论女子本身或提倡女子问题的，都要认明白目标：第一，“自立的能力”。女子问题第一个要点，就在这问题。女子嫁人，总要攀高些，却不问自立。我觉女子要做人，须注意“自立”，假如女子不能自立，决不能够解放去奋斗的。第二，“独立的精神”。这个名词，是老生常谈，不过我说的是精神上，不怕社会压制；社会反对，也是要干的！像现在这种时代是很不容易谈解放的。不顾社会非难，可以独行其是。第三，“先驱者的责任”。做先锋的责任，在谈女子问题中是很重要的。我们一举一动，在社会上极受影响。先驱者的责任，只要知道公德，不要过问私德；一人如此，可以波及全体的。不要使我个人行为，在女子运动上加了一个污点！我最不相信道德，但为了这个起见，也不得不相信了！我常常说：“当学生的，如其提倡废考，不如提倡严格考试；社交解放的先驱者，如提倡自由恋爱，不如提倡独身主义！”这是诸位要注意的！

好政府主义[①]

刚才陈先生所说的介绍语（从略），我有许多不敢当。但人类是总有点野心，总有些希望。打破空间时间的观念，确立一种世界观念；把学说主张，贡献到全世界，并予未来时代的人以共见：也许是人类应有的希望！又陈先生对于我的名字之解说，似乎可以说是“投机家”。但是“投机”两个字，也可以作好的解释。从前人说：“英雄造时势，时势造英雄。”英雄与时势，二者迭相助长，如环无端。使无投机者，则时势无从变更起。使无相当的时势，虽有英雄，亦且无从新造起。惟少数人的主张，根据于大多数人的需要；而大多数人得着这种主张，可以得着结果，而使时势发生变

① 1921年10月22日胡适在中国大学的演讲，甘蛰仙笔记，原载1921年11月17日、18日《晨报副镌》。

迁。所以到了时机成熟，应时势的需要，而发生有意志的、有目的的、有公共利益的主张，必易得大众的承认，而见诸实行。这种主张，也许是一种投机。我知陈先生所希望的，必是这种投机！

我以为应时势的需要，而有所主张，最要的是要有简单明了，而且人人皆可以承认的目标；这种目标，就是我今天所讲的“好政府主义”。这“好政府”三字，是否救时的大家公认的目标，待我仔细说来。

好政府主义，假定的是有政府主义。政府之为物，有的说他好，有的说他坏。有两种说法，各走极端的：其一，以政府是天生的，神意的。如中国古代所说的“天降下民，作之君，作之师”，及西方古代有些学说，都是神权的政府观。这种政府观底变相，西方近代，仍然有的，而变其名曰“自然”。如德国混国家与政府而一之，不承认个人之自由，把天然的需要，说得神秘莫测似的：这是一种极端的学说。其二，以政府为有害无利，退一步言之，也说为利少而害多。谓政府是用不着的，须得自由组合、自由协商，以自由动作，代替强制。从前政府的强制力，常被军阀官吏滥用之以鱼肉小民，不如爽性的把他去掉，这是无政府主义派所说的。中国的老子，主张此说，西洋希腊到现代也有许多人倡此说的。这两种学说，好似南北二极；于这两极端之中，还有许多主张。我以为今年今日的民国，不谈政治则已；苟谈政治，便不能适用前两种极端的主张。极端的无政府主义，吾无以谥之，只谥之曰奢侈品；为其未完全根据于大多数人底需要故也。但需求也可分两面说：

（1）心理的需求，（2）实际的需求。根据这两点，就可确定目标。所假定的这种目标，要是合于大众的心理社会的实际底需要；那么要做什么便做什么；不患政治社会无改良革新的希望了。今日的中国，不但无目标，并且无希望，即由缺少一种公共的目标。这种目标是平常的简明的有公共利益的老生常谈，就是好政府主义。

好政府主义，既不把政府看作神权的，亦不把政府看作绝对的有害无利的，只把政府看作工具，故亦谓之工具的政府观。

什么是工具？这里似乎用不着详细的解释。譬如纸与笔是写字的工具；就黑板上写字，则不用毛笔、铅笔、钢笔而另用粉笔，粉笔亦是工具底一种；用这种工具，可以达到目的。然而造工具者，谁欤？

从前有人说："人是善笑的动物，"这话殊不尽然。又有人说："人是有理性的动物"，这话，证之世上为恶的人，亦颇足使我们怀疑。惟现代法国哲学家柏格森说："人是造工具的动物，"这话是顶对的。其他动物类皆不能创造工具。就是蜂蚁之勤于工作，也不能制造工具。惟人具有制造工具的天才。所造的工具，能适合于人们之运用。造房屋，用以蔽风雨；造桥梁，造铁路，用以利交通；造弓矢刀剑，枪炮，用以驱猛兽而御外敌：这种种的制造，都不是其他动物所能做的。

但所说的工具，初不限于物质的工具；就是，所造的语言、文字、文学，也无一不是工具；什么家庭制度、社会制度，以及国家的法律，也无一不是工具。政治是人类造出的工具之一种；政府亦是人类造出的工具之一种！

政府既是一种工具，而工具又是应需要而生的，那么政府之由来，我们也可以推知了。

政府何由而来呢？乃由人民的组织渐渐扩大而来。社会中有家族有乡党，凡团体中之利害，与个人的利害，小团体与小团体的利害，或大团体与其他大团体的利害，均不免时有冲突。这冲突委实不是个人所能了的。譬如两人相斗，纠结不解，世世复仇，冤冤相报；若单由他两者自行去了结，一定是办不好的；势必须有第三者作个公共机关去裁判他两面的是非曲直，才能够调解冲突。所以欲消弭个人与个人，小团体与小团体，或小团体与个人交互间底冲突，非有超于小团体及个人的公共机关不可——这是政府成立的要因。

前面说，政府是人造的一种工具，他的缘起，是为的大众的公共的需要。那么适应于公共的需要的，便是好政府了。

大抵一种工具，是应用的；以能够应用者为好。这种实用的学说，也有作工具主义的。这工具主义，就是好政府主义的基本观念。

政府是工具，必定要知道这种工具的用处与性质，才可以谈到应用。

政府是有组织的公共的权力。权力为力的一种，要做一事，必须有力；譬如电灯之明亮，是由于有力，鼓打得响，也是由于有力。可是这种有组织的公共的权力，与他种权力不同。假定无这种组织，无公共利益的权力，社会上必免不掉冲突。譬如从前北京的拉车的拉到车马辐辏的前门地方，常常有所谓“挡住道”的事情发生，必要等前等后，乃能走动。为什么这样的拥挤停滞呢？就因为没有公共的秩序，公共的组织，公共的规则。你看上海的浙江路与南京路之间，来往的人数车马，那样繁杂，但只有中国及印度之巡捕，手持不到五尺长的木棍，从容指挥，而两路来来往往的车，便不致拥挤；假使此棍无权力，亦何能指挥一切？惟其有了权力，只用一短小之棍，表示车底行止之使命；而可免掉时间的损失，和事情的耽误。政府之权力，足以消弭社会间所有的冲突，亦犹是也。

政治法律，把这种权力组织起来，造作公共的规矩——所谓礼法——以免去无谓的冲突，而可发生最大的效果，这是政府的特别性质。

但是在这些地方，不过想免去冲突，仍然是一种消极的作用；此外还有积极的作用。质言之，不独可免社会间的冲突，亦可促社会全体之进步。

因为人类有天然之惰性，往往狃故常，爱保守，毫无改革求进的志趣；如家庭之世守祖业者，就是这样。惟政府是指挥大众的公共机关，可使社会上的人减少惰力，而增加社会全体进步底速率；有些个人所不能为的事，一入政府手中，便有绝大的效果。

数年前曾主张白话，假如止是这样在野建议，不借政府的权力，去催促大众实行，那就必须一二十年之后，才能发生影响。即使政府中有一部分人，对于这件事，曾欲提倡，也仍然没有多大的效果。现在因为有一道部令，令小学校通同用白话文教授。这样一来，从前反对的人，近来也入国语传习所，变成赞成的了；从前表示赞成的，这时更高兴，更来实行起来了。试思以二三十字之一道好的命令（部命），而可以缩短二十年三十年的少数人鼓吹的工具之实施期间，政府权力之重要，为何如者！

再举禁鸦片烟一事为证，十余年以前的人，以鸦片为请客——甚至请贵客——之珍品；而今却不敢自己吃；从前认为阔绰的情事，而今认为犯法的行为：这亦不外政府权力所使然。自然，有些地方，鸦片还是横行；可是鸦片之所以横行，非有政府之过，乃无政府之过，无好政府之过。试思不好的政府，犹可使有那样的效果，假使有了好政府，鸦片岂有不全被禁绝的吗？

所以政府的组织及权力，如果用之得当，必能得着最大的效果；不但可免社会间交互的冲突，而且可促社会全体底进步。

综前所说：好政府主义有三个基本观念：

(1) 人类是造工具的动物，政府是工具的一种。

(2) 这种工具的特性，是有组织，有公共目的的权力。

(3) 这种工具的效能，可促进社会全体的进步。

以下再说由工具主义的政府观中所得到的益处：

第一，可得到评判的标准。从上面所说的工具主义的政府观中，得着个批评政府的标准。以工具主义的政府观，来批评政府，觉得凡好工具都是应用的，政府完全是谋公共利益及幸福底一种工具。故凡能应公共的需要、谋公共的利益、做到公共的目的、就是好政府；不能为所应为，或为所不应为的，就是坏政府。

第二，可得到民治的原理。政府之为物，不是死板板的工具，是人作的，要防避他的妖怪；《西游记》中的妖怪，加害于唐僧的，如老君的扇子，青牛哪，童子哪，都是工具，只因为主人稍为大意，工具变成了妖怪，就能害人。我们做主人的人民，如果放任政府，不去好好的看守他，这种工具亦必会作怪的。所以在这一点上可得到民治主义的原理。政府这工具，原为我们大多数人民而设，使不善造善用，则受害者亦即在这些老主人。因为人类有劣根性，不可有无限的权力。有之，即好人亦会变坏。“一朝权在手，便把令来行”，免不掉滥用权力以图私利了。所以宜用民治主义去矫正他。虽把权力交给少数人，而老主人不能不常常的监督他，不可不常常的管束他。这是民治主义之浅者，其深义待一涵先生讲之。

第三，可得到革命的原理。刚才说的工具是应用的。不能应用时，便可改换；茶杯漏了换一个，衣服敝了换一件；政府坏了，可改一个好政府——这是浅显的革命原理。所以在工具主义的政府观之下，革命是极平常而且极需要的，并不是稀奇事。

上列三项，就是好政府主义的引伸义。

复次，好政府主义的实行，至少须备有几个重要的条件。

（一）要觉悟政治的重要。大家须觉悟政治不好，什么事都不能办。例如教育事业，谁也相信是要紧的，而北京近年的学校，及武昌高师，因为政治不好，相继感受恶影响。且也政治不好，连实业也兴办不成：去年京汉京浦路上，打仗一礼拜，而中国煤矿业的商人竟损失了二百五十万之巨。今年武昌、宜昌及其他惨遭兵祸的地方，乃至连小生意都做不成。所以好政府主义底实行，第一须有这种觉悟。

（二）要有公共的目标。有了觉悟，而灰心短气，不定下一个目标出来，也不成功。我们简单明了的，人人能懂的，人人承认的公共目标，就是“好政府”三字。如辛亥革命之目标是排满，其吃亏在此，其成功亦在此。凡研究尽可高深，预备不妨复杂，而目标则贵简要。故我以“好政府”三字为目标。有了公共的目标，然后便易于实行。

（三）要有好人的结合。有了觉悟，及有了目标，尤须有人组合起来，作公共的有组织的进行。厌世家每叹天下事不可为；我以为天下无不可为之事，只因为好人缩手说不可为，斯不可为矣。故好人须起而进行，从事于公共的有组织有目标的运动：这是谋好政府的实行所必备的第三个重要条件。

三个条件，是必须完全具备而不可缺一的。

诸君！我今天所讲的好政府主义，是平常的、简单的、浅显的老生常谈；然要知道必得此种老生常谈实现之后，中国乃能有救！

学生与社会[①]

今天我同诸君所谈的题目是“学生与社会”。这个题目可以分两层讲：一，个人与社会；二，学生与社会。现在先说第一层。

个人与社会

（一）个人与社会有密切的关系，个人就是社会的产出品。我们虽然常说“人有个性”，并且提倡发展个性，其实个性于人，不过是千分之一，而千分之九百九十九全是社会的。我们的说话，是照社会的习惯发音；我们的衣服，是按社会的风尚为式样；就是我们的一举一动，无一不受社会的影响。

---

① 1922 年 2 月 19 日胡适在平民中学的演讲，原载 1922 年 3 月 10 日《共进》增刊第 11 期。

六年前我作过一首《朋友篇》，在这篇诗里我说："清夜每自思，此身非吾有；一半属父母，一半属朋友。"如今想来，这百分之五十的比例算法是错了。此身至少有千分之九百九十九是属于广义的朋友的。我们现在虽在此地，而几千里外的人，不少的同我们发生关系。我们不能不穿衣，不能不点灯，这衣服与灯，不知经过多少人的手才造成功的。这许多为我们制衣造灯的人，都是我们不认识的朋友，这衣与灯就是这许多人不认识的朋友给予我们的。

再进一步说，我们的思想、习惯、信仰等等都是社会的出产品，社会上都说"吃饭"。我们所以我们，就是这些思想、信仰、习惯等等，这些既都是社会的，那末除开社会，还能有我吗？

这第一点的要义：我之所以为我，在物质方面，是无数认识与不认识的朋友的；在精神方面，是社会的，所谓"个人"差不多完全是社会的出产品。

（二）个人——我——虽仅是千分之一，但是这千分之一的"我"是很可宝贵的。普通一班的人，差不多千分之千都是社会的，思想、举动、语言、服食都是跟着社会跑。有一二特出者，有千分之一的我——个性，于跟着社会跑的时候，要另外创作，说人家未说的话，做人家不做的事。社会一班人就给他一个浑号，叫他"怪物"。

怪物原有两种：一种是发疯，一种是个性的表现。这种个性表现的怪物，是社会进化的种子，因为人类若是一代一代的互相仿照，不有变更，那就没有进化可言了。惟其有些怪物出世，特立独行，做人不做的事，说人未说的话，虽有人骂他打他，甚而逼他至死，他仍是不改他的怪言、怪行。久而久之，渐渐的就有人模仿他了，由少数的怪，变为多数，更变而为大多数，社会的风尚从此改变，把先前所怪的反视为常了。

宗教中的人物，大都是些怪物，耶稣就是一个大怪物。当时的人都以为有人打我一掌，我就应该还他一掌。耶稣偏要说："有人打我左脸一掌，我应该把右边的脸转送给他。"他的言语、行为，处处与当时的习尚相反，所以当时的人就以为他是一个怪物，把他钉死在十字架上。但是他虽死不改其言行，所以他死后就有人尊敬他，爱慕、模仿他的言行，成为一个大宗教。

怪事往往可以轰动一时，凡轰动一时的事，起先无不是可怪异的。比如缠足，当初一定是很可怪异的，而后来风行了几百年。近来把缠小的足放为天足，起先社会上同样以为可怪，而现在也渐风行了。可见不是可怪，就不能轰动一时。社会的进化，纯是千分之一的怪物，可以牺牲名誉、性命，而做可怪的事，说可怪的话以演成的。

社会的习尚，本来是革不尽，也不能够革尽的，但是改革一次，虽不能达完全目的，至少也可改革一部分的弊习。

譬如辛亥革命，本是一个大改革，以现在的政治社会情况看，固不能说是完全成功，而社会的弊习——如北京的男风，官家厅的公门，等等——附带革除的，实在不少。所以在实际上说，总算是进化的多了。

这第二点的要义：个人的成分，虽仅占千分之一。而这千分之一的个人，就是社会进化的原因。人类的一切发明，都是由个人一点一点改良而成功的。惟有个人可以改良社会，社会的进化全靠个人。

学生与社会

由上一层推到这一层，其关系已很明白。不过在文明的国家，学生与社会的特殊关系，当不大显明，而学生所负的责任，也不大很重。惟有在文明程度很低的国家，如像现在的中国，学生与社会的关系特深，所负的改良的责任也特重。这是因为学生是受过教育的人，中国现在受过完全教育的学生，真不足千分之一，这千分之一受过完全教育的学生，在社会上所负的改良责任，岂不是比全数受过教育的国家的学生，特别重大吗？

教育是给人戴一副有光的眼镜，能明白观察；不是给人穿一件锦绣的衣服，在人前夸耀。未受教育的人，是近视眼，没有明白的认识，远大的视力；受了教育，就是近视眼戴了一副近视镜，眼光变了，可以看明清楚远大。学生读了书，造下学问，不是为要到他的爸爸面前，要吃肉菜，穿绸缎；

是要认他爸爸认不得的，替他爸爸说明，来帮他爸爸的忙。他爸爸不知道肥料的用法，土壤的选择，他能知道，告诉他爸爸，给他爸爸制肥料，选土壤，那他家中的收获，就可以比别人家多出许多了。

从前的学生都喜欢戴平光的眼镜，那种平光的眼镜戴如不戴，不是教育的结果。教育是要人戴能看从前看不见，并能看人家看不见的眼镜。我说社会的改良，全靠个人，其实就是靠这些戴近视镜，能看人所看不见的个人。

从前眼镜铺不发达，配眼镜的机会少，所以近视眼，老是近视看不远。现在不然了，戴眼镜的机会容易的多了，差不多是送上门来，让你去戴。若是我们不配一副眼镜戴，那不是自弃吗？若是仅戴一副看不清、看不远的平光镜，那也是可耻的事呀。

这是一个比喻，眼镜就是知识，学生应当求知道，并应当求其所要的知识。

戴上眼镜，往往容易招人家厌恶。从前是近视眼，看不见人家脸上的麻子，戴上眼镜，看见人家脸上有麻子，就要说："你是个麻子脸。"有麻子的人，多不愿意别人说他的麻子。要听见你说他是麻子，他一定要骂你，甚而或许打你。这一层意思，就是说受过教育，就认识清社会的恶习，而发不满意的批评。这种不满意社会的批评，最容易引起社会的反感。但是人受教育，求知识，原是为发现社会的弊端，若是受了教育，而对于社会仍是处处觉得满意，那就是你的眼镜配错了光了，应该返回去审查一下，重配一副光度合适的才好。

从前伽利略因人家造的望远镜不适用，他自己造了一个扩大几百倍的望远镜，能看木星现象。他请人来看，而社会上的人反以为他是魔术迷人，骂他为怪物，革命党，几乎把他弄死。他惟其不屈不挠，不可抛弃他的学说，停止他的研究，而望远镜竟成为今日学问上、社会上重要的东西了。

总之，第一要有知识，第二要有骨子。若是没有骨子便在社会上站不住。有骨子就是有奋斗精神，认为是真理，虽死不畏，都要去说去做。不以我看见我知道而已，还要使一班人都认识，都知道。由少数变为多数，由多数变成大多数，使一班人都承认这个真理。譬如现在有人反对修铁路，铁路是便利交通，有益社会的，你们应该站在房上喊叫宣传，使人人都知道修铁路的好处。若是有人厌恶你们，阻挡你们，你们就要拿出奋斗的精神，与他抵抗，非把你们的目的达到。不止你们的喊叫宣传，这种奋斗的精神，是改造社会绝不可少的。

二十年前的革命家，现在哪里去了？他们的消灭不外两个原因：（1）眼镜不适用了。二十年前的康有为是一个出风头的革命家，不怕死的好汉子。现在人都笑他为守旧，老古董，都是由他不去把不适用的眼镜换一换的缘故。（2）无骨子。有一班革命家，骨子软了，人家给他些钱，或给他一个差事，教他不要干，他就不敢干了。没有一种奋斗精神，不能拿出“你不要我干，我偏要干”的决心，所以都消灭了。

我们学生应当注意的就是这两点，眼镜的光若是不对了，就去换一副对的来戴；摸着脊骨软了，要吃一点硬骨药。

我的话讲完了，现在讲一个故事来作结束，易卜生所作的《国家公敌》一剧，写一个医生司铎门发现了本地浴场的水里有传染病菌，他还不敢自信，请一位大学教授代为化验，果然不错。他就想要去改良他。不料浴场董事和一般股东因为改造浴池要耗费资本，拼死反对，他的老大哥与他的老丈人也都多方的以情感利诱，但他总是不可软化。他于万分困难之下设法开了一个公民会议，报告他的发明。会场中的人不但不听他的老实话，还把他赶出场去，裤子撕破，宣告他为国民公敌。他气愤不过，说：“出去争真理，不要穿好裤子。”他是真有奋斗精神，能够特立独行的人，于这种逼迫之下还是不少退缩。他说：“世界最有强力的人就是那最孤立的人。”我们要改良社会，就要学这“争真理不穿好裤子”的态度，相信这“最孤立的人是最有强力的人”的名言。

哲学与人生[①]

前次承贵会邀我演讲关于佛学的问题，我因为对于佛学没有充分的研究，拿浅薄的学识来演讲这一类的问题，未免不配；所以现在讲“哲学与人生”，希望对于佛学也许可以贡献点参考。不过我所讲的有许多地方和佛家意见不合，佛学会的诸君态度很公开，大约能够容纳我的意见的！

讲到“哲学与人生”，我们必先研究它的定义：什么叫哲学？什么叫人生？然后才知道他们的关系。

我们先说人生。这六月来，国内思想界，不是有玄学与科学的笔战么？国内思想界的老将吴稚晖先生，就在《太平洋杂志》上发表一篇《一个新信仰的宇宙观及人生观》。其

① 1923年11月在上海商科大学佛学研究会的演讲，初载于1923年11月21日《微音》旬刊第10期。

中下了一个人生定义。他说："人是哺乳动物中的有二手二足用脑的动物。"人生即是这种动物所演的戏剧，这种动物在演时，就有人生；停演时就没人生。所谓人生观，就是演时对于所演之态度，譬如：有的喜唱花面，有的喜唱老生，有的喜唱小生，有的喜摇旗呐喊；凡此种种两脚两手在演戏的态度，就是人生观。不过单是登台演剧，红进绿出，有何意义？想到这层，就发生哲学问题。哲学的定义，我们常在各种哲学书籍上见到，不过我们尚有再找一个定义的必要。我在《中国哲学史大纲》（上卷）上所下的哲学定义说："哲学是研究人生切要的问题，从根本上着想，去找根本的解决。"但是根本两字意义欠明，现在略加修改，重新下了一个定义说："哲学是研究人生切要的问题，从意义上着想，去找一个比较可普遍适用的意义。"现在举两个例来说明它，要晓得哲学的起点是由于人生切要的问题，哲学的结果是对于人生的适用。人生离开哲学，是无意义的人生；哲学离了人生，是想义非非的哲学。现在哲学家多凭空臆说，离得人生问题太远，真是上穷碧落，愈闹愈糟。

现在且说第一个例：二千五百年前在喜马拉雅山南部有一个小国——迦叶——里，街上倒卧着一个病势垂危的老丐，当时有一个王太子经过，在别人看到，将这老丐赶开，或是毫不经意的走过去了，但是那王太子是赋有哲学的天才的人，他就想人为什么逃不出老、病、死，这三个大关头。因此他就弃了他的太子爵位、妻孥、便嬖、皇宫、财货，遁迹入山，去静想人生的意义。后来忽然在树下想到一个解决：就是将人生一切问题拿主观去看，假定一切多是空的，那末，老、病、死，就不成问题了。这种哲学的合理与否，姑不具论，但是那太子的确是研究人生切要的问题，从意义上着想，去找他以为比较普遍适用的意义。

我们再举一个例：譬如我们睡天半夜醒来，听见贼来偷东西，我那就将他捉住，送县究办。假如我们没有哲性，就这么了事，再想不到"人为什么要做贼"等等的问题，或者那贼竟然苦苦哀求起来，说他所以做贼的原故，因为母老、妻病、子女待哺，无处谋生，迫于不得已而为之。假如没哲性的人，对于这种吁求，也不见有甚良心上的反动。至于富于哲性的人就要问了，为什么不得已而为之？天下不得已而为之的事有多少？为什么社会没得给他做工？为什么子女这样多？为什么老病死？这种偷窃的行为，是由于社会的驱策，还是由于个人的堕落？为什么不给穷人偷？为什么他没有我有？他没有我有是否应该？拿这种问题，逐一推思下去，就成为哲学。由此看来，哲学是由小事放大，从意义着想而得来的，并非空说高谈能够了解的。推论到宗教哲学、政治哲学、社会哲学等，也无非多从活的人生问题推衍阐明出来的。

我们既晓得什么叫人生，什么叫哲学，而且略会看到两者的关系，现在再去看意义在人生占的什么地位。现在一般的人饱食终日，无所用心。思想差不多是社会的奢侈品。他们看人生种种事实，和乡下人到城里看见五光十色的电灯一样。只看到事实的表面，而不了解事实的意义。因为不能了解意义的缘故，所以连事实也不能了解了。这样说来，人生对于意义极有需要，不知道意义，人生是不能了解的。宋朝朱子这班人，终日对物格物，终于找不到着落，就是不从意义上着想的缘故。又如平常人看见病人种种病象，他单看见那些事实而不知道那些事实的意义，所以莫明其妙。至于这些病象一到医生眼里，就能对症下药，因为医生不单看病象，还要晓得病象的意义的缘故。因此，了解人生不单靠事实，还要知道意义！

那末，意义又从何来呢？有人说：意义有两种来源，一种是从积累得来，是愚人取得意义的方法；一种是由直觉得来，是大智取得意义的方法。积累的方法，是走笨路；用直觉的方法是走捷径。据我看来，欲求意义唯一的方法，只有走笨路，就是日积月累的去做刻苦的工夫，直觉不过是熟能生巧的结果，所以直觉是积累最后的境界，而不是豁然贯通的。大发明家爱迪生有一次演说，他说，天才百分之九十九是汗，百分之一是神。可见得天才是下了番苦功才能得来，不出汗决不会出神的。所以有人应付环境觉得难，有人觉得易，就是日积月累的意义多寡而已。哲学家并不是什么，只是对人生所得的意义多点罢了。

欲得人生的意义，自然要研究哲学，去参考已往死的哲理。不过还有比较更重要的，是注意现在的活的人生问题，这就是做人应有的态度。现在我举两个模范的大哲学家来做我的结论，这两大哲学家一个是古代的苏格拉底，一个是现代的笛卡尔。

苏格拉底是希腊的穷人，他觉得人生醉生梦死，毫无意义，因此到公共市场，见人就盘问，想藉此得到人生的解决。有一次，他碰到一个人去打官司，他就问他："为什么要打官司?"那人答道："为公理。"他复问道："什么叫公理?"那人便瞠目结舌不能作答。苏氏笑道："我知道我不知你，却不知道你不知呵!"后来又有一个人告他的父亲不信国教，他又去盘问，那人又被问住了。因此，希腊人多恨他，告他两大罪，说他不信国教，带坏少年，政府就判他的死刑。他走出来的时候，对告他的人说："未经考察过的生活，是不值得活的。你们走你们的路，我走我的路罢!"后来他就从容就刑，为找寻人生的意义而牺牲他的生命。

笛卡尔旅行的结果，觉到在此国以为神圣的事，在他国却视为下贱；在此国以为大逆不道的事，在别国却奉为天经地义，因此他觉悟到贵贱善恶是因时因地而不同的。他以为从前积下来的许多观念知识是不可靠的，因为他们多是乘他思想幼稚的时候侵入来的。如若欲过理性生活，必得将从前积得的知识，一件一件用怀疑的态度去评估他们的价值，重新建设一个理性的是非。这怀疑的态度，就是他对于人生与哲学的贡献。

现在诸君研究佛学，也应当用怀疑的态度去找出它的意义，是否真正比较得普遍适用？诸君不要怕，真有价值的东西，决不为怀疑所毁，而能被怀疑所毁的东西，决不会真有价值。我希望诸君实行笛卡尔的怀疑态度，牢记苏格拉底所说的“未经考察过的生活，是不值得活的”这句话。那末，诸君对于明阐哲学，了解人生，不觉其难了。

怎样读书[①]

我们平时读书的时候，所感到的有三个问题：一、要读什么书；二、读书的功用；三、读书的方法。

关于要读什么书的一个问题，在《京报》上已经登了许多学者所选定的“青年必读书”，不过这于青年恐怕未必有多大的好处，因为都是选者依照个人的主观的见解选定的，还不如读青年自己所爱的书好。

读书的功用，从前的人无非是为做官，或者以为读了书，“颜如玉”、“黄金屋”一类的东西就会来，现在可不然了，知道读书是求智识，为做人。

---

① 1925 年 10 月 23 日在上海中华职业学校的演讲，李邦栋记，原载于 1925 年 11 月 6 日上海《时事新报·学灯副刊》。

读书的方法，据我个人的经验，有两个条件：一、精；二、博。

精

从前有“读书三到”的读书法，实在是很好的；不过觉得三到有点不够，应该有四到，是眼到、口到、心到、手到。

眼到 是个个字都要认得。中国字的一点一捺，外国的a、b、c、d，一点也不可含糊，一点也不可放过。那句话初看似很容易，然而我国人犯这个错误毛病的偏是很多，记得有人翻译英文，误“port”为“pork”，于是“葡萄酒”一变而为“猪肉”了。这何尝不是眼不到的缘故。谁也知道，书是集字而成的，这是字不能认清，就无所谓读书，也不必求学。

口到 前人所谓口到是把一篇能烂熟地背出来。现在虽没有人提倡背书，但我们如果遇到诗歌以及有精彩的文章，总要背下来，它至少能使我们在作文的时候得到一种好的影响，但不可模仿。中国书固然要如此，外国书也要那样去做。进一步说，念书能使我们懂得他文法的结构，和其他的关系。我们有时在小说和剧本上遇到好的句子，尚且要把他记下来，那关于思想学问上的，更是要紧了。

心到 是要懂得每一句、每一字的意思。做到这一点，要有外的帮助，有三个条件：

（一）参考书，如字典，辞典，类书等。平常说："工欲善其事，必先利其器。"我们读书，第一要工具完备。

（二）做文法上的分析。

（三）有时须比较、参考、融汇、贯通，往往几个平常的字，有许多解法，徜是轻忽过去，就容易出错误来。例如，英文中的一个 turn 字，作外动字解有 15 解；作内动字解有 13 解；作名词解有 26 解；共有 54 解。又如 strike，作外动字解有 31 解；作内动字解有 16 解；作名词解有 18 解；共有 65 解。又如 go，作内动字解有 22 解；作外动字解有 3 解；作名词解有 9 解；共有 34 解。

又如中文的"言"字，"于"字，"维"字，都是有意义很多的，只靠自己的能力有时固然看不懂，字典里也查不出来，到了这时候非参考比较和融会贯通不可了。

还有前人关于"心到"很重要的几句话，把他来说一说。宋人张载说："读书先要会疑，于不疑处有疑，方是进矣。"又说："在可疑而不疑者，不曾学，学则须疑。""学贵心悟，守旧无功。"

手到，何谓手到？手到有几个意思：

（一）标点分段。（二）查参考书。（三）做札记。

札记分为四种：

（甲）抄录备忘。

（乙）提要。

（丙）记录心得。记录心得也很重要，张横渠曾说："心中苟有所开，即便札记，不思，则还塞之矣。"

（丁）参考诸书而融会贯通之，作有系统之文章。

手到的功用，可以帮助心到。我们平常所吸收进来的思想，无论是听来的，或者是看来的，不过在脑子里有一点好或坏的模糊而又零碎的东西罢了。倘若费一番功夫，把它芟除的芟除，整理的整理，综合起来作为札记，然后那经过整理和综合的思想，就永久留在脑中，于是这意思就属于自己的了。

博

"博"就是什么书都要读。中国人所谓"开卷有益"，原也是这个意思。我们为什么要博呢？有两个答案：一、博就是为参考；二、博是为做人。

博是为参考。有几个人为什么要戴眼镜呢？（学时髦而戴眼镜的，不在此问题内。）干脆答一句：是因看不清楚，戴了眼镜以后，就可以看清楚了。现在戴了眼镜，看是清楚的，可是不戴眼镜的时候看去还是糊涂的。王安石先生《答曾子固书》里说：

> 读经而已，则不足以知经，故某自百家诸子之书，至《难经》《素问》《本草》诸小说，无所不读；农夫女工，无所不问；然后于经为能知其大体而无疑。盖后

世学者与先生之时异矣；不如是，不足以尽圣人故也。……致其知而后读，以有所去取，故异学不能乱也。惟其不能乱，故能有所去取者，所以明吾道而已。

他说“读经而已，则不足以知经。”我们要推开去说：读一书而已，则不足以知其书。比如我们要读《诗经》，最好先去看一看北大的《歌谣周刊》，便觉《诗经》容易懂。倘若研究一点文字学、校勘学、伦理学、心理学、数学、光学以后去看《墨子》，就能全明白了。

大家知道的达尔文研究生物演进的状态的时候，费了三十多年光阴，积了许多材料，但是总想不出一个简单的答案来；偶然读那马尔萨斯的《人口论》，便大悟起来，了解了那生物演化的原则。

所以我们应该多读书，无论什么书都读，往往一本极平常的书中，埋伏着一个很大的暗示。书既是读得多，则参考资料多，看一本书，就有许多暗示从书外来。用一句话包括起来，就是王安石所谓的“致其知而后读”。

博是为做人。像旗杆似的孤零零地只有一技之艺的人固然不好，就是说起来什么也能说的人，然而一点也不精，仿佛是一张纸，看去虽大，其实没有什么实质的也不好。我们理想中的读书人是又精又博，像金字塔那样，又大、又高、又尖，所以我说：“为学当如埃及塔，要能博大要能高。”

思想的方法[1]

一个人的思想，差不多是防身的武器，可以批评什么主义，可以避免一切纷扰。我们人总以为思想只有知识阶级才有，可是这是不尽然的；有时候，思想不但普通人没有，就是学者也没有。普通人每天做事，吃饭，洗脸，漱口……都是照着习惯做去，没有思想的必要，所以不能称为有思想；就关着窗子，闭着门户，一阵子的胡思乱想，也绝对不是思想的本义。原来思想是有条理、有系统、有方法的。

我们遇着日常习惯的事，总是马马虎虎的过去；及至有一个异于平常的困难发生，才用思想去考虑和解决。譬如学生每天从宿舍到课堂，必须经过三叉路和电车站，再走过二

---

① 1925 年 10 月 28 日胡适在上海光华大学的演讲，赵家璧记，原载 1926 年 1 月 5 日《学生杂志》第 13 卷第 1 期。

行绿荫荫的柳树，和四层楼的红房子，然后才至课堂。这在每天来往的学生，是极平常而不注意的事；但要是一个新考进来的学生，当他到了三叉路口的辰光，一定有一个问题发生：就是在这三条路中，究竟打哪一条路走能到目的地？那个时候，要解决这个困难，思想便发生了。

要管理我们的思想，照心理学上讲，须要用五种步骤：

一、**困难的发生**。人必遇有歧路的环境或疑难问题的时候，才有思想发生。倘无困难，决不会发生思想。

二、**指定困难的所在**。有的困难是很容易解决的，那就没有讨论和指定困难的所在的必要。要是像医生的看病，那就有关人命了。我们遇着一个人生病的时光，往往自己说不出病之所在；及请了医生来，他诊了脉搏，验了小便，就完了事；后来吃了几瓶药水，就能够恢复原状。他所以能够解决困难，和我们所以不能解决困难的不同点，就在能否指定和认清困难之所在罢了。

三、**假设解决困难的方法**。这就是所谓出主意了。像三叉路口的困难者，他有了主意，必定向电车站杨柳树那边跑。这种假说的由来，多赖平日的知识与经验。语云："养兵千日，用在一朝。"我们求学亦复如此。这一步实是最重要的一步。要是在没有思想的人，他在脑袋中，东也找不到，西也找不到，虽是他在平常能够把书本子倒背出来；可是有观察的经验，和考虑的能力，一辈子的胡思乱想，终是不能解决困难的啊。

但是也有人，因为学识太足了，经验太富了，到困难来临的时候，脑海中同时生了许多不同的解决方法；有的时候，把对的主意，给个人的感情和嗜好压了下去，把不对的主意，反而实行了。及后铸成大错，追悔莫及。所以思想多了，一定还要用精密谨慎的方法，去选定一个最好的主意。

四、判断和选定假设之结果。假若我脑海中有了三种主意：第一主意的结果是A、B、C、D，第二主意是E、F、G，第三主意的结果是H、I；那个时候，就要考虑他三个结果的价值和利害；然后把其中最容易而准确的结果设法证明。

还有我们做事，往往用主观的态度，而不用客观的态度；这就是我们常说的“某人说话，不负责任”的解释了。

此次五卅惨案，也有许多激烈的青年，主张和英国宣战，他们没有想到战争时和战争后，政治上、商业上、交通上、经济上、军事上的一切设备和结果。他们只知唱高调，不负责任的胡闹，只被成见和一时感情的冲动所驱使，没有想到某种条件有某种结果，和某种结果有没有解决某种条件的可能。

五、证实结果。既已择定一个解决困难的方法，再要实地试验，看他实效的如何以定是非价值。遇有事实不易在自然界发生的，则用人力造成某种条件以试验之。例如欲知水是否为氢氧二原素所构成，此事在自然界不易发生，于是以人力合二原质于一处，加以热力，考察是否能成水。更以水分析之，看能否成氢氧二原素，即从效果上来证实水的成分。

从前我的父亲有一次到满洲去勘界。一天到了一个大森林，走了多天，竟迷了路；那个时候干粮也吃完了，马也疲乏了，在无可如何的时光，他爬上山顶，登高一望，只见翠绿的树叶，弥漫连续，他用来福枪放起来，再把枯树焦叶烧起来，可是等了半天，连救援人的踪影也找不到。他便着急起来了。隔一回儿，他想从前古书里有一句话，叫做“水必出山”。他便选定了这个办法，找到了河，遵了河道，走了一日夜，竟达到了目的地。

又有一例。禅宗中有一位烧饭的，去问他的大法师道：“佛法是什么?”那大法师算了半天，才回答道：“上海的棉花，二个铜子一斤。”烧饭的便说道：“我问你的是佛法，你答我的是棉花，这真是牛头不对马面了。”隔了三年，他到了杭州的灵隐寺去做烧饭，他又乘便问那住持的和尚道：“佛法是什么?”那住持和尚道：“杭州的棉花，也是二个铜子一斤。”他更莫名其妙；于是便跑到普陀山、峨眉山……途中饱尝了饥渴盗匪之苦，问了许多和尚法师，竟没有得到一个圆满的解决。有一天，他到一个破庙房，碰到一个老年的女丐，口中咿呀的在自语着，他在不知不解间，听得一句不相干的话，忽然间竟觉悟了世界上怎样的困难，他也就明白了“佛法是什么”。他在几十年中所怀的闷葫芦，一旦竟明白了，不是偶然的。这就是孟子所说“资之深，则取之左右逢其源”，只要把自己的思想运用，把自己的脑筋锻炼，那么，什么东西都可以迎刃而解了！

在宋朝有一个和尚，名叫法贤，人家称他做五祖大师，他最喜欢讲笑话。他讲：从前有一个贼少爷，问贼老爷道：“我的年纪也大了，也不能天天玩耍了，爹爹也可以教我一点立身之道吗?”那贼老爷并不回答他，到了晚上，导他到一座高大的屋宇，进了门，便把自己身边的钥匙，开了一个很大的衣橱，让他的儿子进去，待到贼少爷跨进衣橱，贼老爷把橱门啪的关上，并且锁着；自己连喊“捉贼，捉贼”的逃了。那时候，贼少爷在衣橱里是急极了，他想，我的爹爹叫我来偷东西，那么他为什么把我锁在里边，岂不是叫他们活剥剥的把我捉住，送我到牢狱里去，尝铁窗风味吗？可是他既而一想，“怎么样我可以出去?”便用嘴作老鼠咬衣服的声音，孜孜的一阵乱叫，居然有人给他开门了，他便乘着这个机会，把开门的人打倒，把蜡烛吹灭，等他仆人们来追赶他，他早已一溜烟地跑回家了。他看见父亲之后，第一声就问道：“你为什么把我关在橱里呢?”那贼老爷道：“我先问你，你是怎样出来的?”他便把实情一五一十的讲给贼老爷听，他听了之后，眉开眼笑的说道：“你也干得了!”要是这位贼少爷，在困难发生的时候，不用思想，他早已大声的喊道：“爹爹啊！不要关门啊”了。

我们读书不当死读，要讲合用；在书本之外，尤其要锻炼脑力，运用思想，和我的父亲，禅宗的烧饭者和贼少爷一般无二。他们是能用条理有系统有方法的思想，去解决他们的困难的。

我记得前几天有一个日本新闻记者问我："现在中国青年的思想是什么?"我便很爽快地答道："中国的青年，是没有思想的。"这一句话，我觉得有一点武断，并且很对不起我国的青年，可是我也有不得已的苦衷。当我在北京大学教论理学的时光，我出了三个问题：

（一）照你自己经验上讲，有何可称为思想的事实?

（二）在福尔摩斯的侦探案中，用科学方法分析出来有何可称为思想的事实?

（三）在科学发明史上，有何可称为思想的事实?

到了后来，第二第三都能回答得很对，第一问题简直回答的不满十分之二，而他们所回答的，完全是答非所问。这便因为他们平时不注意于运用思想的缘故。

五四运动纪念[①]

一、五四运动之背景

中国加入欧战时，全国国民，皆抱负极大希望，以为从此以后，对外赔款，可以停付至少可以停付五年；治外法权，可以废止；关税主权，可以收回。当时，日本人已先中国数年，加入战争，派遣军舰，专与东方的德国势力为难；接收青岛，续办胶济路，所有德国人在华的势力，居然落到他们手中去了。彼时中国人尚不如何着急，因为日本政府曾有表示，望此次接收，不过暂时之事，将来“终究归还中国”；

① 1928 年5 月4 日胡适在上海光华大学的演讲，文浒笔记，原载1928 年5 月5 日上海《民国日报·觉悟》副刊。

不料到了第二年1915年，日本非独不把山东方面的权利，交还中国，抑且变本加厉，增制许多条件，向中国下“哀的美敦书”，强迫中国承认，中国无法，只能于5月9日签字承认。于是中日二国的感情，越弄越坏，坏到不可收拾了。

中国正式加入欧战，是1917年。前此之时，虽有华工协助协约国与德国开衅；但未经中国政府正式表示，到了1917年，中国政府，公然向德绝交，向德开战。翌年11月11日，德国终于失败了，一种代表军国主义和武力侵略主义的势力，终于被比较民治化的势力屈服了，欧战遂此告终。全世界人皆大庆祝此双十一节，中国自亦受其影响。5月17那一天，所有北京城内的学校，一律停课，数万学生，结队游行，教育部且发起提灯大会，四五万学生，手执红灯，高呼口号，不可谓非中国教育界第一创举。影响所及，遂为以后的“五四运动”下一种子；故虽谓五四运动，直接发源于此次五六万人的轰轰烈烈的大游行，亦无不可。非独此也，教育部且于天安门一带，建筑临时讲台，公开演讲。事后北大停课三天，要求教育部把此临时讲台，借给北大师生，继续演讲三天。演讲时间，每人限以五分钟，其实，每人亦只能讲五分钟，因为彼时风吹剧烈，不到五分钟，讲员的喉咙，已发哑声，虽欲继续，亦无能为力了。因此，各人的演词，非常简括，却又非常精采。此后在《新青年》杂志上所发表的如蔡元培的《劳工神圣》和我的《非攻》）等篇，皆为彼时演词之代表。但有人要问，我们为什么要如此做呢？原来彼时北京政府，“安福俱乐部”初自日本借到外债六万万元，一时扬武耀威，非常得意。我们见之，虽有非议，亦无法可想，彼时既有教育部首先出来举行公开演讲，我们亦落得借此机会，把我们的意见，稍微发泄发泄。后来，我因母丧离开北京，故未得亲自参加这个大运动的后半剧。

1919 年 1 月 18 日，交战诸国开和平会议于法国 Versailles 宫中，中国人参加者，有政府的代表，有各政党的代表，又有用私人名义去参加者，以为美国威尔逊总统的十四点，必可实行，中国必能在和会之中，占据许多利益；至少，山东问题，必能从和会中得着满意的解决。然而威尔逊毕竟是一个学者的理想家，在政治上玩把戏，哪里敌得过英国的路易乔治（David Lloyd George）及法国的克列孟梭（Clemenceau）这一班人呢？学者遇着“老虎”，学者惟有失败而已！

二、五四运动之发生

4 月 28 日，国际联盟条文，正式成立，尚觉有点希望。过了两天，到了 4 月 30 日那一天，和会消息传出，关于山东方面的权利，皆付与日本，归日本处理。消息一到，前此满腔热望，如此完全失望了！全国愤怒，莫能遏制，于是到了 5 月 4 日那一天，学生界发起北京全体学生大会，开会以后，到处游行（外传北京学生会曾向东交民巷各公使馆表示态度说不确)。后来，奔到赵家楼胡同曹宅，撞破墙壁，突围而进，适遇章宗祥在那里躲避不及，打个半死，后脑受着重伤；当场即被捉去学生二三十人，各校皆有，各校校长暨城内绅缙名流，皆负责担保。后来消息传到欧洲，欧洲代表团，亦大受感动，同时更用恐吓手段，打电报给我国出席总代表陆征祥，如果他糊里糊涂的在山东问题条文中签了字，他的祖宗坟墓，一概将被掘；外交团迫于恐吓，自不敢轻意签字了。于是在5月14日那一天，中国代表团，又在和会内重新提出“山东问题”，要求公平办法，始终没有得着好的结果，而中国代表亦始终没有签字，所以然者，实因当时留欧中国学生界，亦有相当的运动，包围中国公使馆不许中国官员擅自签字之故。可是这样一来，当时办教育的人，就棘手了，好在他们亦不欲在这种腐败的政府下供职，于是教育部中几个清明的职员及北大校长蔡先生等人，相继辞职。那时，政府正痛恶那一班人，他们既欲辞职，亦不挽留。然而当时的学生界怎能任这一班领袖人物，轻轻引退呢？于是大家主张挽留。为欲营救被捕的学生，为欲挽留被免的师长，同时又要继续伟大的政治运动，故自5月20日起，北京学校，一律罢课，到处演讲，诸如前门大街等热闹地方，皆变成学生的临时讲场了；对于城内交通，不无影响，于是北京军警，大捕学生。但军警捕捉学生越着力，学生的气焰，越加热烈，影响所及，全国学生，相率罢课。天津的学生界，于5月23日起，宣布罢课；济南的学生界，于24日宣布罢课；上海的学生界，于26日宣布罢课；南京的学生界，于27日宣布罢课；后来连到军阀的中心势力所在的保定学生界，亦于28日决议罢课；向者为北京学生界的爱国运动，今其势力，已风动全国学生界，而变成全中国的学生运动了。同时北京被捕的学生，亦越发增多，城内的拘留所，皆拘满了，一时无法，就把北大第三院，改成临时拘留所，凡遇着公开讲演的学生，军警辄把枪一挥，成群的送入北大第三院内，院之四周，坚筑营盘，彻夜看守。后来第三院的房子内住不下了，又把第二院一并改为临时拘留所。斯时杜威博士适到北京，我领他去参观就地的大监狱，使他大受感动。后来，忽有一天，到了6月3号那一天，院外的营盘，忽然自动撤销了，看守的军警，各自搬场了，一时不知其故，后来才明白上海学生界，即在6月3号那一天，运动商界，一律罢市三天，并要求政府罢免曹、陆、章三人的职务。政府见来势汹险，无法抵抗，终于屈服下来；自动撤销营盘，自动召回军警，即是政府被人民屈服的证据，而曹、陆、章三人，亦于同日被政府罢免掉了。此为5月4日到6月3日几近一月中间的故事，最后的胜利，终于归属学生界了。

三、五四运动之影响

如今且约略考究五四运动的影响，它的影响，计有两方面：一为直接的影响，一为间接的影响。直接的影响，能使全国人民，注意山东问题，一面禁止代表签字；一为抵制日货，抵制日货的结果，许多日本商人，先后破产，实予以重大打击，故日本野心家，亦渐生戒惧之心了；再加上其他友国的帮助，故于1921年“华盛顿会议”中，当中国代表重新提出山东问题时，中国着实占点便宜。其结果，日本终于把山东方面的权利，“终究交还中国”了。至于间接的影响，那就不能一样一样的细说了！

第一，五四运动引起全国学生注意社会及政策的事业。以前的学生，不管闲事，只顾读书，政治之好坏，皆与他们无涉。从此运动以后，学生渐知干预政治，渐渐发生政治的兴趣了。

第二，为此运动，学生界的出版物，突然增加。各处学生皆有组织，各个组织皆有一种出版物，申述他们的意见。单说民国八年一年之内，我个人所收到的学生式的豆腐干报，约有四百余份之多，其他可无论了。最奇怪的，这许多报纸，皆用白话文章发表意见，把数年前的新文学运动，无形推广许多。从前我们提倡新文学运动，各处皆有反对，到了此时，全国学生界，亦顾不到这些反对，姑且用它一用再讲，为此“用它一用”的观念的结果，新文学的势力，就深深占入学生界的头脑中去了，此为五四运动给予新文学的影响。

第三，五四运动更予平民教育以莫大影响。学生注意政事，就因他们能够读书，能够看报之故。欲使平民注意政事，当亦使他能够读书，能够看报；欲使平民能够读书，能够看报，唯一的方法，就在于教育他们。于是各学校中，皆创立一个或数个平民学堂，招收附近平民，利用晚间光阴，由各学生义务教授；其结果，平民教育的前途，为之增色不少。

第四，劳工运动亦随五四运动之后，到处发生。当时的学生界，深信学生一界，势力有限，不能做成大事，欲有伟大的成就，非联合劳工各界，共同奋斗不可。但散漫的劳工，不能发生何种势力，欲借重之，非加以组织不可，于是首先与京汉路北段长辛店的工人商议，劝其组织工会，一致奋斗。一处倡之，百处和之。到了今日，各处城市，皆有工会组织，推原求本，当归于九年以前的五四运动。

第五，妇女的地位亦因五四运动之故，增高不少。五四运动之前，国内无有男女同学之学校，那时，妇女的地位，非常低微。五四运动之后，国内论坛，对于妇女问题，渐生兴趣，各种怪论，亦渐渐发生了；习而久之，怪者不怪，妇女运动，非独见于报章杂志，抑且见诸实事之上了！中国的妇女，从此遂跨到解放的一条路上去了。

第六，彼时的政党，皆知吸收青年分子，共同工作。例如进步的党人，特为青年学生，在他们的机关报上，辟立副刊，请学生们自由发表意见。北京《晨报》的副刊，上海《民国日报》之“觉悟”，即其实例。有的机关，前时虽亦有副刊，唯其主要职务，不外捧捧戏子，抬抬妓女，此外之事，概非所问；五四以后，他们的内容，完全改变了：诸如马克思、萧伯纳、克鲁泡特金等名词，皆在他们的副刊上，占着首席地位了。

其在国民党方面，此种倾向，益觉显著。论日报，则有《民国日报》的各种副刊；论周报，则有《星期评论》；论月刊，则有《建设》杂志等等；其影响于青年学生界者，实非微事。非独此也，他们并于民国十三年中国国民党改组之际，正式承认吸收少年分子，参加工作，此种表示，亦因受着五四运动的影响之故，就中尤以孙中山先生最能体验五四运动的真意义。彼于1920年正月9日那一天，写信给海外党部，嘱以筹金五十万，创办一个最大的与最新式的印刷机关，其理由，则为：

> 自北京大学学生发生五四运动以来，一般爱国青年，无不以革新思想为将来革新事业之预备；于是蓬蓬勃勃，发抒言论，国内各界舆论，一致同倡，各种新出版物，为热心青年所举办者，纷纷之伪政府，犹且不敢撄其锋。此种新文化运动，在我国今日，诚思想界空前之大变动，推原其故，不过由于出版界之一二觉悟者，从事提倡，遂至舆论放大异彩，学潮弥漫，全国人皆激发天良，誓死为爱国之运动。倘能继长增高，其将来收效之伟大且久远者，可无疑也。吾党欲收革命之成功，必有赖于思

> 想之变化，兵法攻心，语曰革心，皆此之故；故此种新文化运动，实为最有价值之事。
>
> ——孙中山先生《致海外国民党同志书》

孙先生看出五四运动中的学生，因教育的影响，激于义愤，可以不顾一切而为国家牺牲；深信思想革命，在一切革命中，最关紧急；故拟创办一个最大的与最新式的印刷机关，尽量做思想上的宣传工夫；即在他自身的工作上，亦可看出这一点来。民国八年以前，孙先生奔走各处，专心政治运动，对于著作上的工作，尚付阙如，只有《民权初步》及《实业计划》二部分的著作，于民国八年以前作成；民国八年以后，他的革命方向，大大转变了，集中心力，专事著作，他的伟大著作，皆于此时告成。这是什么缘故呢？就因为他认定思想革命的势力，高过一切，革命如欲成功，非先从思想方面入手不可，此种倾向，亦就因为受着五四运动的影响的结果。

五四运动为一种事实上的表现，证明历史上的一大原则，亦可名之曰历史上的一个公式。什么公式呢？

> 凡在变态的社会与国家内，政治太腐败了，而无代表民意机关存在着；那末，干涉政治的责任，必定落在青年学生身上了。

这是一个最正确的公式，古今中外，莫能例外。试观中国的历史，东汉末年，宦官跋扈，政治腐败，朝廷上又无代表民意的机关，于是有太学学生三万人，危言正论，不避豪强；其结果，终于造成党锢之祸，牵连被捕死徙废禁的，不下六七百人。又如北宋末年，金人南犯，钦宗引用奸人，罢免李纲以谢金人，政治腐败，达于极点，于是有太学生陈东及都人数万，到阙下请复用李纲，钦宗不得已，只好允许了。又如清末“戊戌政变”，主动的人，即是青年学生；革命起义，同盟会中人，又皆为年青的学生；此为中国历史上的证据。

又观西洋历史，中古时代，政治腐化，至于极点，创议改革者，即为少年学生；1848 年，为全欧革命的一年，主动的人皆为一班少年学生，到处抛掷炸弹，开放手枪，有被执者，非遭死戮，即被充军，然其结果，仍不能压倒热烈的青年运动，亦唯此种热烈青年运动，革命事业，才有成功之一日。是以西洋的历史，又足证明上面所说的一个公式。

反转来讲，如果在常态的社会与国家内，国家政治，非常清明，且有各种代表民意的机关存在着；那末，青年学生，就无需干预政治了，政治的责任，就要落在一班中年人的身上去了。试观英美二国的青年，他们所以发生兴趣，只是足球、篮球、棍球等等，比赛时候，各人兴高采烈，狂呼歌曲；再不然，他们就去寻找几个女朋友，往外面去跳舞，去看戏，享尽少年幸福。若有人和他们谈起政治问题，他们必定不生兴趣，他们所做的，只是少年人的事。他们之所以能够安心读书，安心过少年幸福者，就因为他们的政治，非常清明，他们的政治，有中年的人去负责任之故。故自反面立论，又足证实上面所讲的历史上的公式。

自从五四运动以来，中国的青年，对于社会和政治，总算不曾放弃责任，总是热热烈烈的与恶化的挣扎；直到近来，因为有些地方，过分一点，当局认为不满，因而丧掉生命的，屡见不鲜。青年人的牺牲，实在太大了！他们非独牺牲学业，牺牲精神，牺牲少年的幸福，连到他们自己的生命，一并牺牲在内了；而尤以25岁以下的青年学生，牺牲最大。例如前几天报上揭载武汉地方，有二百余共产党员，同时受戮，查其年龄，几皆在25岁以下，且大多数为青年女子。照人道讲来，他们应该处处受社会的保障，他们的意志，尚未成熟，他们的行动，自己不负责任，故在外国，偶遇少年犯罪，法官另外优待，减刑一等，以示宽惠。中国的青年，如此牺牲，实在牺牲太大了！为此之故，所以中国国民党在第四次全体会议中所议决的中央宣传部宣传大纲内有一段，即有禁止青年学生干预政治的表示。意谓年青学生，身体尚未发育完全，学问尚无根底，意志尚未成熟，干预政治，每易走入歧途，故以脱离政治运动为妙。

科学的人生观[①]

今天讲的题目，就是“科学的人生观”，研究人是什么东西？在宇宙中占据什么地位？人生究竟有何意味？因为少年人近来觉得很烦闷，自杀、颓废的都有，我比较至少多吃了几斤盐、几担米，所以来计划计划，研究自身人的问题。至于人生观，各人不同，都随环境而必变，不可以一个人的人生观去统理一切；因为公有公理，婆有婆理，我们至少要以科学的立场，去研究它，解决它。

“科学的人生观”有两个意思：第一拿科学做人生观的基础；第二拿科学的态度、精神、方法，做我们生活的态度，生活的方法。

---

① 1928 年 5 月在苏州青年会的演讲，原载 1928 年 6 月 1 日、2 日上海《民国日报·觉悟》副刊。

现在先讲第一点，就是人生是什么？人生是啥物事？拿科学的研究结果来讲，我在民国十二年发表的十条，这十条就是武昌有一个主教，称为新的十诫，说我是中华基督教的危险物的。十条内容如下：

一、要知道空间的大 拿天文、物理考察，得着宇宙之大；从前孙行者翻筋斗，一翻翻到南天门，一翻翻到下界，天的观念，何等的小？现在从地球到银河中间的最近的一个星，中间距离，照孙行者一秒钟翻十万八千里的速率计算，恐怕翻一万万年也翻不到，宇宙是何等的大？地球是宇宙间的沧海之一粟，九牛之一毛；我们人类，更是小，真是不成东西的东西！以前看得人的地位太重了，以为是万物之灵，同大地并行，凡是政治不良，就有彗星、地震的征象，这是错的。从前王充很能见得到，说："一个虱子不能改变那裤子里的空气，和那人类不能改变皇天一样。"所以我们眼光要大。

二、时间是无穷的长 从地质学、生物学的研究，晓得时间是无穷的长，以前开口五千年，闭口五千年，以为目空一切；不料世界太阳系的存在，有几万万年的历史，地球也有几万万年，生物至少有几千万年，人类也有二三百万年，所以五千年占很小的地位。明白了时间之长，就可以看见各种进步的演变，不是上帝一刻可以造成的。

三、宇宙间自然的行动 根据了一切科学，知道宇宙、万物都有一定不变的自然行动。“自然自己，也是如此”，就是自己自然如此，各物自己如此的行动，并没有一种背后的指示，或是一个主宰去规范他们。明白了这点，对于月蚀是月亮被天狗所吞的种种迷信，可以打破了。

四、物竞天择的原理　从生物学的知识，可以看到物竞天择的原理。鲫鱼下卵有几百万个，但是变鱼的只有几个；否则就要变成“鱼世界”了！大的吃小的，小的又吃更小的，人类都是如此。从此晓得人生不受安排，是自己如此的行动；否则要安排起来，为什么不安排一个完善的世界呢？

五、人是什么东西　从社会学、生理学、心理学方面去看，人是什么东西？吴稚晖先生说：“人是两手一个大脑的动物，与其他的不同，只在程度上的区别罢了。”人类的手，与鸡、鸭的掌差不多，实是他们的弟兄辈。

六、人类是演进的　根据人种学来看，人类是演进的；因为要应付环境，所以要慢慢的变；不变不能生存，要灭亡了。所以从下等的动物，慢慢演进到高等的动物，现在还是演进。

七、心理受因果律的支配　根据心理学、生物学来讲，心理现状是有因果律的。思想、做梦，都受因果律的支配，是心理、生理的现象，和头痛一般；所以人的心理说是超过一切，是不对的。

八、道德、礼教的变迁　照生理学、社会学来讲，人类道德、礼教也变迁的。以前以为脚小是美观，但是现在脚小要装大了。所以道德、礼教的观念，正在改进。以二十年、二百年或二千年以前的标准，来判断二十年、二百年、二千年后的状况，是格格不相入的。

九、各物都有反应 照物理、化学来讲，物质是活的，原子分为电子，是动的，石头倘然加了化学品，就有反应，像人打了一记，就有反动一样。不同的，只在程度不同罢了。

十、人的不朽 根据一切科学知识，人是要死的，物质上的腐败，和猫死狗死一般。但是个人不朽的工作，是功德：在立德，立功，立言。善恶都是不朽。一块痰中，有微生物，这菌能散布到空间，使空气都恶化了；人的言语，也是一样。凡是功业、思想，都能传之无穷；匹夫匹妇，都有其不朽的存在。

我们要看破人世间、时间之伟大，历史的无穷，人是最小的动物，处处都在演进，要去掉那小我的主张，但是那小小的人类，居然现在对于制度、政治各种都有进步。

以前都是拿科学去答复一切，现在要用什么方法去解决人生，就是哪样生活？各人有各人的方法，但是，至少要有那科学的方法、精神、态度去做。分四点来讲：

一、怀疑 第一点是怀疑。三个弗相信的态度，人生问题就很多。有了怀疑的态度，就不会上当。以前我们幼时的知识，都从阿金、阿狗、阿毛等黄包车夫、娘姨处学来；但是现在自己要反省，问问以前的知识是否靠得住？有此态度，对于什么马克斯、牛克思主义都不致盲从了。

二、事实 我们要实事求是，现在像贴贴标语，什么打倒田中义一等，都仅务虚名，像豆腐店里生意不好，看看"对我生财"泄闷一样。又像是以前的画符，一画符病就好的思想。贴了打倒帝国主义，帝国主义就真个打倒了么？这不对，我们应做切实的工作，奋力的做去。

三、证据 怀疑以后，相信总要相信，但是相信的条件，就是拿凭据来。有了这一句，论理学诸书，都可以不读。赫胥黎的儿子死了以后，宗教家去劝他信教，但是他很坚决的说，"拿有上帝的证据来！"有了这种态度，就不会上当。

四、真理 朝夕的去求真理，不一定要成功，因为真理无穷，宇宙无穷；我们去寻求，是尽一点责任，希望在总分上，加上万万分之一。胜固是可喜，败也不足忧。明知赛跑，只有一个人第一，我们还要跑去，不是为我为私，是为大家。发明不是为发财，是为人类。英国有一个医生，发明了一种治肺的药。但是因为自秘，就被医学会开除了。

所以科学家是为求真理。庄子虽有"吾生也有涯，而知也无涯，以有涯逐无涯，殆已"的话头，但是我们还要向上做去，得一分就是一分，一寸就是一寸，可以有亚基米特氏发现浮力时叫"Eureka"的快活。有了这种精神，做人就不会失望。所以人生的意味，全靠你自己的工作；你要它圆就圆，方就方，是有意味；因为真理无穷，趣味无穷，进步快活也无穷尽。

略谈人生观

每个人可以说都有一个“人生观”，我是以先几十年的经验，提供几点意见，供大家思索参考。

很多人认为个人主义是洪水猛兽，是可怕的，但我所说的是个平平常常，健全而无害的。干干脆脆的一个个人主义的出发点，不是来自西洋，也不是完全中国的。中国思想上具有健全的个人主义思想，可以与西洋思想互相印证。王安石是个一生自己刻苦，而替国家谋安全之道、为人民谋福利的人，当为非个人主义者。但从他的诗文可以找出他个人主义的人生观，为己的人生观。因为他曾将古代极端为我的杨朱与提倡兼爱的墨子相比。在文章中说“为己是学者之本也，为人是学者之末也。学者之事必先为己为我，其为己有余，则天下事可以为人，不可不为人。”

这就是说，一个人在最初的时候应该为自己，在为自己有余的时候，就该为别人，而且不可不为别人。

十九世纪的易卜生，他晚年曾给一位年轻的朋友写信说："最期望于你的只有一句话，希望你能做到真正的、纯粹的为我主义，要你有时觉得天下事只有自己最重要，别人不足想，你要想有益于社会最好的办法，就是把你自己这块材料铸成器。"

另外一部自由主义的名著《自由论》，有一章"个性"，也一再的讲人最可贵的是个人的个性，这些话，便是最健全的个人主义。一个人应该把自己培养成器，使自己有了足够的知识、能力与感情之后，才能再去为别人。

孔子的门人子路，有一天问孔子说："怎样才能做成一个君子？"孔子回答说："修己以敬"。这句话的意思，也就是要把自己慎重的培养、训练、教育好的意思。"敬"在古文解释为慎重。子路又说，这样够了吗？孔子回答说："修己以安人"。这句话的意思，就是先把自己培养、训练、教育好了，再为别人。子路又问，这样够了吗？孔子回答说："修己以安百姓，修己以安百姓，尧舜其犹病诸。"这句话的意思就是培养、训练、教育好了自己，再去为百姓，培养好了自己再去为百姓，就是圣人如尧舜，也很不易做到。孔子这一席话，也是以个人主义为起点的。自此可见，从十九世纪到现在，从现在回到孔子时代，差不多都是以修身为本。

修身就是把自己训练、培养、教育好。因此个人主义并不是可怕的，尤其是年轻人确立一个人生观，更是需要慎重的把自己这块材料培养、训练、教育成器。

我认为最值得与年轻人谈的便是知识的快乐。一个人怎样能使生活快乐。人生是为追求幸福与快乐的，《美国独立宣言》中曾提及三种东西，即就是（1）生命，（2）自由，(3）追求幸福。但是人类追求的快乐范围很广，例如财富、婚姻、事业、工作等等。但是一个人的快乐，是有粗有细的，我在幼年的时候不用说，但自从有知以来，就认为，人生的快乐，就是知识的快乐，做研究的快乐，找真理的快乐，求证据的快乐。从求知识的欲望与方法中深深体会到人生是有限，知识是无穷的，以有限的人生，去深求无穷的知识，实在是非常快乐的。

二千年前有一位政治家问孔子门人子路说，你的老师是怎样的人，子路不答。后来孔子知道了，说："你为什么不告诉他，你的老师'其为人也，发愤忘食，乐以忘忧，不知老之将至。'"从孔子这句话，可以体会到知识的乐趣。希腊科学家阿基米德在澡堂洗澡时，想出了如何分析皇冠的金子成分的方法，高兴得赤身从澡堂里跳了出来，沿街跑去，口中喊着："我找到了，我找到了。"这就是说明知识的快乐，一旦发现证据或真理的快乐。英国两位大诗人勃朗宁和丁尼生有两首诗，都是代表十九世纪冒险的、追求新的知识的精神。

最后谈谈社会的宗教说，一个人总是有一种制裁的力量的，相信上帝的人，上帝是他的制裁力量。我们古代讲孝，于是孝便成了宗教，成了制裁。现在台湾宗教很发达，有人信最高的神，有人信很多的神，许多人为了找安慰都走了宗教的道路。我说的社会宗教，乃是一种说法，中国古代有此种观念，就是三不朽：立德，是讲人格与道德；立功，就是建立功业；立言，就是思想语言。在外国也有三个，就是Worth，Work，Words。这三个不朽，没有上帝，亦没有灵魂，但却不十分民主。究竟一个人要立德，立功，立言到何种程度，我认为范围必须扩大，因为人的行为无论为善为恶都是不朽的。我国的古语："流芳百世，遗臭万年"，便是这个意思……因此，我们的行为，一言一动，均应向社会负责，这便是社会的宗教，社会的不朽……我们千万不能叫我们的行为在社会上发生坏的影响，因为即使我们死了，我们留下的坏的影响仍是永久存在的，"我们要一出言不敢忘社会的影响，一举步不敢忘社会的影响"。即使我们在社会上留一白点，但我们也绝对不能留一点污点，社会即是我们的上帝，我们的制裁者。

为什么读书[1]

青年会叫我在未离南方赴北方之前在这里谈谈，我很高兴，题目是“为什么读书”。现在读书运动大会开始，青年会拣定了三个演讲题目。我看第二个题目“怎样读书”很有兴味，第三个题目“读什么书”更有兴味，第一个题目无法讲，为什么读书，连小孩子都知道，讲起来很难为情，而且也讲不好。所以我今天讲这个题目，不免要侵犯其余两个题目的范围，不过我仍旧要为其余两位演讲的人留一些余地。现在我就把这个题目来试一下看。我从前也有过一次关于读书的演讲，后来我把那篇演讲录略事修改，编入三集《文存》里面，那篇文章题目叫做《读书》，其内容性质较近于

① 1930 年 11 月下旬在上海青年会的演讲，初载 1930 年 12 月、1931 年 2 月《现代学生》第 1 卷第 3、5 期。

第二个题目，诸位可以拿来参考。今天我就来试试“为什么读书”这个题目。

从前有一位大哲学家做了一篇《读书乐》，说到读书的好处，他说：“书中自有千钟粟，书中自有黄金屋，书中自有颜如玉。”这意思就是说，读了书可以做大官，获厚禄，可以不至于住茅草房子，可以娶得年轻的漂亮太太（台下哄笑）。诸位听了笑起来，足见诸位对于这位哲学家所说的话不十分满意。现在我就讲所以要读书的别的原因。

为什么要读书？有三点可以讲：第一，因为书是过去已经知道的智识学问和经验的一种记录，我们读书便是要接受这人类的遗产；第二，为要读书而读书，读了书便可以多读书；第三，读书可以帮助我们解决困难，应付环境，并可获得思想材料的来源。我一踏进青年会的大门，就看见许多关于读书的标语。为什么读书？大概诸位看了这些标语就都已知道了，现在我就把以上三点更详细的说一说。

第一，因为书是代表人类老祖宗传给我们的智识的遗产，我们接受了这遗产，以此为基础，可以继续发扬光大，更在这基础之上，建立更高深更伟大的智识。人类之所以与别的动物不同，就是因为人有语言文字，可以把智识传给别人，又传至后人，再加以印刷术的发明，许多书报便印了出来。人的脑很大，与猴不同，人能造出语言，后来更进一步而有文字，又能刻木刻字，所以人最大的贡献就是留下过去的智识和经验，使后人可以节省许多脑力。非洲野蛮人在山野中遇见鹿，他们就画了一个人和一只鹿以代信，给后面的人叫他们勿追。但是把智识和经验遗给儿孙有什么用处呢？这是有用处的，因为这是前人很好的教训。现在学校里各种教科书，如物理、化学、历史，等等，都是根据几千年来得来的智识编纂成书的。一年、两年，或者三年，教完一科。自小学、中学，而至大学毕业，这十六年所受的教育，都是代表我们老祖宗几千年来得来的智识学问和经验。所谓进化，就是叫人节省劳力，蜜蜂虽能筑巢，能发明，但传下来就只有这一点智识，没有继续去改革改良，以应付环境，没有做格外进一步的工作。人呢，达不到目的，就再去求进步，而以前人的知识学问和经验作参考。如果每样东西，要个个人从头学起，而不去利用过去的智识，那不是太麻烦了吗？所以人有了这智识的遗产，就可以自己去成家立业，就可以缩短工作，使有余力做别的事。

第二点稍复杂，就是为读书而读书。读书不是那么容易的一件事情，不读书不能读书，要能读书才能多读书。好比戴了眼镜，小的可以放大，模糊的可以看得清楚，远的可以变为近。读书要戴眼镜。眼镜越好，读书的了解力也越大。王安石对曾子固说："读经而已，则不足以知经。"所以他对于《本草》《内经》、小说，无所不读，这样对于经才可以明白一些。王安石说："致其知而后读。"请你们注意，他不说读书以致知，却说，先致知而后读书。读书固然可以扩充知识；但知识越扩充了，读书的能力也越大。这便是“为读书而读书”的意义。试举《诗经》作一个例子。从前的学者把《诗经》看作“美”、“刺”的圣书，越讲越不通。现在的人应该多预备几副好眼镜，人类学的眼镜、考古学的眼镜、文法学的眼镜、文学的眼镜。眼镜越多越好，越精越好。例如“野有死麕，白茅包之。有女怀春，吉士诱之”；我们若知道比较民俗学，便可以知道打了野兽送到女子家去求婚，是平常的事。又如“钟鼓乐之，琴瑟友之”，也不必说什么文王太姒，只可看作少年男子在女子的门口或窗下奏乐唱和，这也是很平常的事。再从文法方面来观察，像《诗经》里“之子于归”、“黄鸟于飞”、“凤凰于飞”的“于”字；此外，《诗经》里又有几百个“维”字，还有许多“助词”、“语词”这些都是有作用而无意义的虚字，但以前的人却从未注意及此。这些字若不明白，《诗经》便不能懂。再说在《墨子》一书里，有点光学、力学；又有点经济学。但你要懂得光学，才能懂得墨子所说的光；你要懂得各种智识，才能懂得《墨子》里一些最难懂的文句。总之，读书是为了要读书，多读书更可以读书。最大的毛病就在怕读书，怕读难书。越难读的书我们越要征服它们，把它们作为我们的奴隶或向导，我们才能够打倒难书，这才是我们的“读书乐”。若是我们有了基础的科学知识，那末，我们在读书时便能左右逢源。我再说一遍，读书的目的在于读书，要读书越多才可以读书越多。

第三点，读书可以帮助解决困难，应付环境，供给思想材料。知识是思想材料的来源。思想可分作五步。思想的起源是大的疑问。吃饭拉屎不用想，但逢着三叉路口，十字街头那样的环境，就发生困难了。走东或是走西，这样做或是那样做，有了困难才有思想。第二步要把问题弄清，究竟困难在哪一点上。第三步才想到如何解决，这一步，俗话叫做出主意。但主意太多，都采用也不行，必须要挑选。但主意太少或者竟全无主意，那就列没办法了。第四步就是要选择一个假定的解决方法。要想到这一个方法能不能解决。若不能，那末，就换了一个；若能，就行了。这好比开锁，这一个钥匙开不开，就换一个；假定是可以开的，那末，问题就解决了。第五步就是证实。凡是有条理的思想都要经过这步，或是逃不了这五个阶段。科学家要解决问题，侦探要侦探案件，多经过这五步。

这五步之中，第三步是最重要的关键。问题当前，全靠有主意（Ideas）。主意从哪儿来呢？从学问经验中来。没有智识的人，见了问题，两眼白瞪瞪，抓耳挠腮，一个主意都不来。学问丰富的人，见着困难问题，东一个主意，西一个主意，挤上来，涌上来，请求你录用。读书是过去知识学问经验的记录，而智识学问经验就是要用在这时候，所谓“养军千日，用在一朝。”否则，学问一些都没有，遇到困难就要糊涂起来。例如达尔文把生物变迁现象研究了几十年，却想不出一个原则去整统他的材料。后来无意中看到马尔萨斯的《人口论》，说人口是按照几何学级数一倍一倍的增加，粮食是按照数学级数增加，达尔文研究了这原则，忽然触机，就把这原则应用到生物学上去，创了物竞天择的学说。读了经济学的书，可以得着一个解决生物学上的困难问题，这便是读书的功用。古人说：“开卷有益”，正是此意。读书不是单为文凭功名，只因为书中可以供给学问知识，可以帮助我们解决困难，可以帮助我们思想。又譬如从前的人以为地球是世界的中心，后来天文学家哥白尼却主张太阳是世界的中心，绕着地球而行。据罗素说，哥白尼所以这样的解说，是因为希腊人已经讲过这句话；假使希腊没有这句话，恐怕更不容易有人敢说这句话吧。这也是读书的好处。

有一家书店印了一部旧小说叫做《醒世姻缘》，是西周生所著的，印好在我家藏了六年，我还不曾考出西周生是谁。这部小说讲到婚姻问题，其内容是这样：有个好老婆，不知何故，后来忽然变坏，作者没有提及解决方法，也没有想到可以离婚，只说是前世作孽，因为在前世男虐待女，女就投生换样子，压迫者变为被压迫者。这种前世作孽，起先相爱，后来忽变的故事，我仿佛什么地方看见过。后来忽然想起《聊斋》一书中有一篇和这相类似的笔记，也是说到一个女子，起先怎样爱着她的丈夫，后来怎样变为凶太太，便想到这部小说大约是蒲留仙或是蒲留仙的朋友做的。去年我看到一本杂记，也说是蒲留仙做的，不过没有多大证据。今年我在北京，才找到了证据。这一件事可以解释刚才我所说的第二点，就是读书可以帮助读书，同时也可以解释第三点，就是读书可以供给出主意的来源。当初若是没有主意，到了逢着困难时便要手足无措，所以读书可以解决问题，就是军事、政治、财政、思想等问题，也都可以解决，这就是读书的用处。

我有一位朋友，有一次傍着灯看小说，洋灯装有油，但是不亮，因为灯芯短了。于是他想到《伊索寓言》里有一篇故事，说是一只老鸦要喝瓶中的水，因为瓶太小，得不到水，它就衔石投瓶中，水乃上来。这位朋友是懂得化学的，于是加水于灯中，油乃碰到灯芯。这是看《伊索寓言》给他看小说的帮助。读书好像用兵，养兵求其能用，否则即使有十万二十万的大兵也没有用处，难道只好等他们“兵变”吗？

至于“读什么书”，下次陈中凡先生要讲演，今天我也附带地讲一讲。我从五岁起到了四十岁，读了三十五年的书。我可以很诚恳地说，中国的旧籍是很经不起读的。中国有五千年文化，“四部”的书已是汗书充栋。究竟有几部书应该读，我也曾经想过。其中有条理有系统的精心结构之作，二千五百年以来恐怕只有半打。“集”是杂货店，“史”和

"子"还是杂货店，至于"经"，也只是杂货店，讲到内容，可以说没有一些东西可以给我们改进道德增进智识的帮助的。中国书不够读乐趣，我们要另开生路，辟殖民地，这条生路，就是每个少年必须至少要精通一种外国文字。读外国语要读到有乐而无苦，能做到这地步，书中便有无穷乐趣。希望大家不要怕读书，起初的确要查阅字典，但假使能下一年苦功，继续不断做去，那末，在一二年中定可开辟一个乐园，还只怕求知的欲望太大，来不及读呢。我总算是老大哥，今天我就根据我过去三十五年读书的经验，给你们这一个临别的忠告。

赠与今年的大学毕业生[①]

这一两个星期里，各地的大学都有毕业的班次，都有很多的毕业生离开学校去开始他们的成人事业。

学生的生活是一种享有特殊优待的生活，不妨幼稚一点，不妨吵吵闹闹，社会都能纵容他们，不肯严格的要他们负行为的责任。现在他们要撑起自己的肩膀来挑他们自己的担子了。在这个国难最紧急的年头，他们的担子真不轻！我们祝他们的成功，同时也不忍不依据自己的经验，赠他们几句送行的赠言——虽未必是救命毫毛，也许做个防身的锦囊罢！

你们毕业之后，可走的路不出这几条：绝少数的人还可以在国内或国外的研究院继续做学术研究；少数的人可以寻

---

① 本文是胡适1932年6月27日为全国大学应届毕业生而写的毕业赠言，原载于1932年7月3日《独产评论》第7号。

着相当的职业；此外还有做官、办党、革命三条路；此外就是在家享福或者失业闲居了。第一条继续求学之路，我们可以不讨论。走其余几条路的人，都不能没有堕落的危险。堕落的方式很多，总括起来，约有这两大类：

第一是容易抛弃学生时代求知识的欲望。你们到了实际社会里，往往所用非所学，往往所学全无用处，往往可以完全用不着学问，而一样可以胡乱混饭吃，混官做。在这种环境里即使向来抱有求知识学问的人，也不免心灰意懒，把求知的欲望渐渐冷淡下去。况且学问是要有相当的设备的：书籍，实验室，师友的切磋指导，闲暇的工夫，都不是一个平常要糊口养家的人能容易办到的。没有做学问的环境，又谁能怪我们抛弃学问呢？

第二是容易抛弃学生时代理想的人生的追求。少年人初次和冷酷的社会接触，容易感觉理想与事实相去太远，容易发生悲观和失望。多年怀抱的人生理想，改造的热诚，奋斗的勇气，到此时候，好像全不是那么一回事。渺小的个人在那强烈的社会炉火里，往往经不起长时期的烤炼就熔化了，一点高尚的理想不久就幻灭了。抱着改造社会的梦想而来，往往是弃甲曳兵而走，或者做了恶势力的俘虏。你在那俘虏牢狱里，回想那少年气壮时代的种种理想主义，好像都成了自误误人的迷梦！从此以后，你就甘心放弃理想人生的追求，甘心做现成社会的顺民了。

要防御这两方面的堕落，一面要保持我们求知识的欲望，一面要保持我们对人生的追求。有什么好法子呢？依我个人的观察和经验，有三种防身的药方是值得一试的。

第一个方子只有一句话：“总得时时寻一两个值得研究的问题！”问题是知识学问的老祖宗；古今来一切知识的产生与积聚，都是因为要解答问题——要解答实用上的困难和理论上的疑难。所谓“为知识而求知识”，其实也只是一种好奇心追求某种问题的解答，不过因为那种问题的性质不必是直接应用的，人们就觉得这是“无所为”的求知识了。

我们出学校之后，离开了做学问的环境，如果没有一两个值得解答的问题在脑子里盘旋，就很难继续保持求学问的热心。可是，如果你有了一个真有趣的问题逗你去想他，天天引诱你去解决他，天天对你挑衅你无可奈他，这时候，你就会同恋爱一个女子发了疯一样，坐也坐不下，睡也睡不安，没工夫也得偷出工夫去陪她，没钱也得撙衣节食去巴结她。没有书，你自会变卖家私去买书；没有仪器，你自会典押衣物去置办仪器；没有师友，你自会不远千里去寻师访友。你只要能时时有疑难问题来逼你用脑子，你自然会保持发展你对学问的兴趣，即使在最贫乏的智识环境中，你也会慢慢的聚起一个小图书馆来，或者设置起一所小试验室来。所以我说，第一要寻问题。脑子里没有问题之日，就是你智识生活寿终正寝之时！古人说，“待文王而兴者，凡民也。若夫豪杰之士，虽无文王犹兴。”试想伽利略（Galileo）和牛顿（Newton）有多少藏书？有多少仪器？他们不过是有问题而已。有了问题而后，他们自会造出仪器来解答他们的问题。没有问题的人们，关在图书馆里也不会用书，锁在试验室里也不会有什么发现。

第二个方子也只有一句话：“总得多发展一点非职业的兴趣。”离开学校之后，大家总是寻个吃饭的职业。可是你寻得的职业未必就是你所学的，未必是你所心喜的，或者是你所学的而实在和你性情不相近的。在这种状况之下，工作就往往成了苦工，就不感觉兴趣了。为糊口而做那种非“性之所近而力之所能勉”的工作，就很难保持求知的兴趣和生活的理想主义。最好的救济方法只有多多发展职业以外的正当兴趣与活动。

一个人应该有他的职业，又应该有他的非职业的玩艺儿，可以叫做业余活动。凡一个人用他的闲暇来做的事业，都是他的业余活动。往往他的业余活动比他的职业还更重要，因为一个人的前程往往全靠他怎样利用他的闲暇时间。他用他的闲暇来打麻将，他就成了个赌徒；你用你的闲暇来做社会服务，你也许成个社会改革者；或者你用你的闲暇去研究历史，你也许成个史学家。你的闲暇往往定你的终身。英国十九世纪的两个哲人，弥儿（J. S. Mill）终身做东印度公司的秘书，然而他的业余工作使他在哲学上，经济学上，政治思想史上都占一个很高的位置；斯宾塞（Spencer）是一个测量工程师，然而他的业余工作使他成为前世纪晚期世界思想界的一个重镇。古来成大学问的人，几乎没有一个不是善用他的闲暇时间的。特别在这个组织不健全的中国社会，职业不容易适合我们的性情，我们要想生活不苦痛或不堕落，只有多方发展业余的兴趣，使我们的精神有所寄托，使我们的剩余精力有所施展。有了这种心爱的玩艺儿，你就做六个钟头的抹桌子工夫也不会感觉烦闷了，因为你知道，抹了六点钟的桌子之后，你可以回家做你的化学研究，或画完你的大幅山水，或写你的小说戏曲，或继续你的历史考据，或做你的社会改革事业。你有了这种称心如意的活动，生活就不枯寂了，精神也就不会烦闷了。

第三个方子也只有一句话："你总得有一点信心。"我们生当这个不幸的时代，眼中所见，耳中所闻，无非是叫我们悲观失望的。特别是在这个年头毕业的你们，眼见自己的国家民族沉沦到这步田地，眼看世界只是强权的世界，望极天边好像看不见一线的光明，——在这个年头不发狂自杀，已算是万幸了，怎么还能够希望保持一点内心的镇定和理想的信心呢？我要对你们说：这时候正是我们要培养我们的信心的时候！只要我们有信心，我们还有救。

古人说："信心（Faith）可以移山。"又说："只要工夫深，生铁磨成绣花针。"你不信吗？当拿破仑的军队征服普鲁士占据柏林的时候，有一位教授叫做费希特（Fichte）的，天天在讲堂劝他的国人要有信心，要信仰他们的民族是有世界的特殊使命的，是必定要复兴的。费希特死的时候，谁也不能预料德意志统一帝国何时可以实现。然而不满五十年，新的统一的德意志帝国居然实现了。

一个国家的强弱盛衰，都不是偶然的，都不能逃出因果的铁律的。我们今日所受的苦痛和耻辱，都只是过去种种恶因种下的恶果。我们要收获将来的善果，必须努力种现在新因。一粒一粒的种，必有满仓满屋的收，这是我们今日应该有的信心。

我们要深信：今日的失败，都由于过去的不努力。

我们要深信：今日的努力，必定有将来的大收成。

佛典里有一句话："福不唐捐。"唐捐就是白白的丢了。我们也应该说："功不唐捐!"没有一点努力是会白白的丢了的。在我们看不见想不到的时候，在我们看不见的方向，你瞧！你下的种子早已生根发叶开花结果了！

你不信吗？法国被普鲁士打败之后，割了两省地，赔了五十万万法朗的赔款。这时候有一位刻苦的科学家巴斯德（Pasteur）终日埋头在他的试验室里做他的化学试验和微菌学研究。他是一个最爱国的人，然而他深信只有科学可以救国。他用一生的精力证明了三个科学问题：（1）每一种发酵作用都是由于一种微菌的发展；（2）每一种传染病都是由于一种微菌在生物体中的发展；（3）传染病的微菌，在特殊的培养之下，可以减轻毒力，使它从病菌变成防病的药苗。——这三个问题在表面上似乎都和救国大事业没有多大关系。然而从第一个问题的证明，巴斯德定出做醋酿酒的新法，使全国的酒醋业每年减除极大的损失。从第二个问题的证明，巴斯德教全国的蚕丝业怎样选种防病，教全国的畜牧农家怎样防止牛羊瘟疫，又教全世界的医学界怎样注重消毒以减除外科手术的死亡率。从第三个问题的证明，巴斯德发明了牲畜的脾热瘟的疗治药苗，每年替法国农家减除了二千万法朗的大损失；又发明了疯狗咬毒的治疗法，救济了无数的生命。所以英国的科学家赫胥黎（Huxley）在皇家学会里称颂巴斯德的功绩道："法国给了德国五十万万法朗的赔款，巴斯德先生一个人研究科学的成绩足够还清这一笔赔款了。"巴斯德对于科学有绝大的信心，所以他在国家蒙奇辱大难的时候，终不肯抛弃他的显微镜与试验室。他绝不想他的显微镜底下能偿还五十万万法朗的赔款，然而在他看不见想不到的时候，他已收获了科学救国的奇迹了。

朋友们，在你最悲观失望的时候，那正是你必须鼓起坚强的信心的时候。你要深信：天下没有白费的努力。成功不必在我，而功力必不唐捐。

治学方法[①]

在这样的热天，承诸位特别跑到这里来听我来讲话，我是觉得非常感激。青年会的几位先生，特地组织这样一个青年读书互助会，并且发起这样一个演讲周，亦非常值得赞助。在我个人，以为能够几个青年，互助的团结起来，组织读书会，或者一人读一本书，拿心得贡献给其他的会员，或者几个人读一本书，将大家所得到的结果提出来互相讨论，都是非常之好，非常之好的。可是请几个人来讲演，以为这样就达到了读书会的目的，做到了读书的目的，却是未必的。今天我来讲这个“治学方法”实在是勉强的，因为做做演讲并不是就是读书会的目的，这题目也空泛得无人可讲。我们知

---

① 1932 年 7 月 9 日在北平青年读书互助会的演讲，菁如记录；初载 1932 年 7 月 10 日至 12 日北平《世界日报》。

道，各种学问，都有它治学的方法，比如天文、地理、医学、社会科学，各有各的治学方法，而我居然说“治学方法”，包括得如此其广，要讲起来那就是发疯，夸大狂。但是学问的种类虽是如此其多，贯于其中的一个“基本方法”，却是普遍的，这个“基本方法”，也可以说是，或者毋宁说是方法的习惯，是共同的，是普遍的。历史上无数在天文学上，在哲学上，在社会科学上，凡是有大成就的，都是因为有方法的习惯。

三百年以前，培根说了句很聪明的话，他说，世上治学的人可分为三种：那就是，第一种蜘蛛式的，是靠自己肚子里分泌出丝来，把网作得很美很漂亮，也很有经纬，下点雨的时候，网上挂着雨丝，从侧面看过去，那种斜光也是很美。但是虽然好，那点学问却只是从他自己的肚子造出来的。第二种是蚂蚁式的，只知道集聚，这里有一颗米，马上三三两两的抬了去，死了一个苍蝇，也把他抬了去，在地洞里堆起很多东西，能消化不能消化却不管，有用没有用也是不管，这是勤力而理解不足。第三种是蜜蜂式的，这种最高。蜜蜂采了花去，更加上一度制造。取其精华而去其糟粕，是经过改造制造出新的成绩的。孔子说过，“学而不思则罔，思而不学则殆。”蜜蜂的方法，是又学又思，是理想的治学方法。

一个人有天才，自然能够使他的事业得到成功，然而有天才的人，却很少很少。天才不够的人，如果能用功，有方法的训练，虽然不敢说能够赶得上天才一样的成就大，而代替天才一部分，却是可以说的。至于那些各种科学的大伟人，那差不多天才与功力相并相辅，是千万人中之一人。

现在说到本题——治学，第一步，我们所需要的是工具，种田要种田的工具，作工要作工的工具，打仗要有武器，也是工具。先要把工具弄好，才能开步走。治学最重要的工具就是自己的能力，基本能力，本国的语言文字，我们可以得到本国所有的东西，外国的语言文字，我们可以从中得到外国的智识，得到过去所集聚下来的东西，完全要靠这一方面。其他就是基本智识，从中学到大学，给了我们的都是这东西，这是一把总的钥匙，尽管我们不熟练于证一个几何三角，尽管我们不能知道物理、化学各个细则，但是我们要在必需应用到的时候能够拿来用，能够对这些有理解。再其次就是设备。无论是卖田、卖地、卖首饰，我们总要把最基本的设备弄齐全，一些应用的辞典、表册、目录，是必需的。同时，治学的人差不多是穷士居多，很多的书不能都买全，所以就要知道我们周围的，代替我们设备的有些什么。比如北平的图书馆，那里边有些什么书能够被我们所应用，比方说，协和医校制备些什么专门的书籍，以及某家藏有某种不易得到的秘典，某处有着某种我所需要的设备，这些这些，我们都要看清楚。

第二步就是习惯的养成。这可以分四点来讲：第一是不要懒。无论是工作也好，种田也好，都不要懒，懒是最要不得的，学问更其如此。多用眼，不要拿人家的眼当自己的眼，多用手，耳，甚至多用自己的脚，在需要的时候，就要自己去跑一趟，必须要用自己的眼看过，自己的耳听过，自己的手摸过，甚至自己的脚走到过，这样才能称是自己的东西，才真是自己得来的。如果你要懒，那就要大懒，不要小懒，那意思就是一劳永逸。说我实在懒得不得了，字典又是这样的不好查，那我就自己去做一部字典出来，那以后就可贯彻你的懒，字典拿起来，一翻就翻着。有种种的发明的人，不是大不懒就是大懒。比方说佛教是什么，你必须自己去翻过书；比方说我今天要跑到这里来讲讲辨证法是什么，那你一定用眼、手、脚。把问题弄清楚，作提要作札记，这样，即使你是错误的，然而这是你的，不是别人的。

第二是不苟且，上海人所谓不拆烂污。我们要一个不放过，一句不放过，一点一画不放过，在数学上一个“0”也不放过。光是会用手，用脚，那是毛手毛脚没有用，勤要勤得好，不要勤得没有用。如果我有权能够命令诸位一定读哪本书，我就要诸位读《巴斯德传》，他就是不苟且，他就是注意极小极小百万分、千万分之一的东西。一坛酒坏了，巴斯德找出了原因，是一点点小的霉菌的侵入。一次，蚕忽然都得了病，差不多就损失到二万万法郎，那原因就是在于一点点的百万分、千万分之一的一个小黄点，那是要用显微镜才能看得出来的，后来找着了病，又费了几年之力，又找着了它的治法。那就是蚕吐了丝之后，变蛹、变蛾，然后蛾再生卵，就用这个蛾钉起来，弄干，拿显微镜照，如果蛾的身上发现了那种极小极小的黄点，那这个蛾所产的卵都把它烧了，就用了这个方法，省去了无数的不必需的损失，这就是一点不放过，一点不放过才能找出病源，这是真确，这是细腻。

第三点就是不要轻于相信，要怀疑，要怀疑书，要怀疑人，要怀疑自己，不要轻于相信人家，“先小人而后君子”，所谓“三个不相信出个大圣人”我对这话非常佩服。所谓“打破砂锅问到底”，都是告诉我们要怀疑，不要太迷信了自己的手眼，要相信比我们手眼精确到一百万倍、一千万倍的显微镜、望远镜，不要轻于相信马克思、列宁，不要相信蔡元培，或者相信一个胡适之，无论有怎样大的名望的人，也许有错。为什么人家说六月六洗澡特别好，当铺里也要在六月六晒衣服，为什么？我们不要轻于相信有许多在我们脑子里的知识。许多小孩子时代，由母亲、哥哥、姐姐，甚至老妈子、洋车夫告诉给我们的，或者是学堂里的老师告诉给我们的。阿毛、阿狗告诉你的不一定对，王妈、李妈也不一定对，周老师、陈老师说的话也许有错，我们说“拿证据来”！鬼，我们自然不相信了，但是许多可信程度与鬼差不多的，我们还在相信，这不好。“三个不相信，出个大圣人”！这是谦卑，自以为满足了，那就不需要了，也就没有进步了。我们要有无穷尽的求知欲，要有无穷尽的虚。什么是虚？就是有空的地方，让新的东西进去。总上所说，习惯养成的大概就是如此。有了习惯的养成，才能去做学问。

我们普遍都知道的有什么归纳法、演绎法，归纳是靠现成的材料把它集合起来，而演绎法则是由具体的事物推测到的新的结果。打个比方，今天，我们在协和大礼堂讲演，就拿本地风光治病来说，某病用某药，某病用某药，都是清清楚楚。但为什么这就是猩红热，而不是虎列拉，不是疟疾，那就是因为我们知道猩红热有种某种症状归纳起来得出的结论，而同时我们如果知道病理生理那我们就可以知道某部分损害了，就可以得出某种结果，就可以从旧的智识里得出新的结论。要做到这步，必须要有广博的智识。古人说，开卷有益，古人留下来的一些现成东西我们为什么不去求？不仅是自己本行内的智识要去求，即是不与本行相反的也要去求。王荆公说："致其知而后识"，所以要博。墨子、老子的书，从前有些不能懂，到了嘉庆年间算学的传入知道里边也有算学，随后光学、力学传入，再以后逻辑学、经济学传入，才知道《墨子》里面也有光学，也有力学，以及逻辑学、经济学。越是知道得多，了解一个事物、一个问题越深。头脑简单的人，拿起一个问题很好解决，比方说社会不好，那干脆来个革命，容易得很，等到知道得多一点，他解决的方法也就来得精密。巴斯德，他是学有机化学，发明霉菌，研究得深了，那这一学问就牵涉到一切的学问上去，和生理学、地质学等等都可以发生关系。因为他博，所以蚕病了他可以治，酒酸了或醋不酸了，他也可以治，其实他并没有研究过蚕、酒学，动物学家也许不能治，他却能治。据说牛顿发明“万有引力”，是因为见到苹果掉在地上，我们也都看见过苹果落在地上，可是我们没有发明“万有引力”。巴斯德说过（讲学问我总喜欢说到巴斯德）：“在考查研究范围之内，机会，帮助有准备的心。”牛顿的心是有准备的，我们则没有准备。从前我看察尔斯的《世界史纲》，觉得内容太博，这里一个定理，那里一个证明，抓来就能应用，真是左右逢源，俯拾即是。其次，我们就要追求问题。一些有创造有发明的人，都是从追求问题而来。如果诸位说先生不给问题，你们要打倒先生，学校里没有书、设备供你们解决问题，要打倒学校，这是千对万对，我是非常赞成，就是因为追求问题是千对万对。

我举一个例，有一天我上庐山，领了一个小孩，那小孩有七八岁。当时我带了一副骨牌，三十二张的骨牌，预备过五关消遣。那小孩就拿骨牌在那里接龙，他告诉我把三十二张骨牌接起来，一定一头是二，一头是五。我问他试过几回，他说试过几回，我一试，居然也如此，这就是能提出问题。宇宙间的问题，多得很，只要能提出问题，终究就能得到结果。自然骨牌的问题是很好解决，就是牌里面只有二头与五头是单数，其他都是双数。

问题发生，就得到新的发现，新的智识。有一次我给学生考逻辑学，我说，我只考你们一个问题，把过去你们以自己的经验解决了问题的一件事告诉我。其中一个答得很有意思。他晚上看小说，煤油灯忽然灭了，但是灯里面还有油，原因是灯带短吸不起油。这怎么办呢，小说不能看完。如果灯底下放两个铜子垫起来，煤油也仍是不会上来的。他后来忽然想起从先学校里讲过煤油是比水轻，所以他就在里边灌上水，油跑到上面，灯带吸着油，小说看完了。这就是从实际里提出问题得到的新学问。所以无论是学工业、学农业、学经济，第一就是提出问题，第二就是提出许多假定的解决，第三就提出假定解决人（甲、乙、丙），最后求得证实。如果你不能从旧的里面得出新的东西来，以前所学即是无用。所谓“养兵千日，用在一朝”，就如我说煤油灯这一个故事。

最后还要说一点，书本子的路，我现在觉得是走不通了，那只能给少数的人，做文学，做历史用的，我们现在所缺的，是动手。报纸上宣传着学校里要取消文科、法科，那不过是纸上谈兵，事实上办不到，如果能够办到，我是非常赞成，我们宁可能够打钉打铁，目不识丁，不要紧，只是在书堆里钻，在纸堆里钻，就只能作作像。我胡适之这样的考据家，一点用没有。中国学问并不是比外国人差，其实也很精密，可是中国的顾亭林等学者在那里考证音韵，为了考证古时这个字读这个音不是读那个音，不惜举上一百六十七个例！可是外国牛顿，他们都在注意苹果掉地，在发明望远镜、显微镜，看天看地，看大看到无穷，看小也看到无穷，能和宇宙间的事物混做一片，那才是作学问的真方法。

到这里差不多讲完了。在上面我举了培根所说的三个畜生，这里我再加上一对畜生，来比方治学的方法。你们都知道龟兔赛跑的故事，兔子虽然有天才，却不能像乌龟那样拼命地爬，所以达到目的的是乌龟而不是兔子。治学的方法也是如此，宁可我们没有天才拼命地努力，不可自恃天才去睡一大觉，宁可我们作乌龟，却不可去当兔子。所以我们的口号是：“兔子学不得，乌龟可学也！”自然最好是能够龟兔合而为一。

思想革命与思想自由[①]

建设时期中最根本的需要是思想革命，没有思想革命，则一切建设皆无从谈起。而要完成思想革命，第一步即须予人民以思想的自由。

诸君或者要想：题目的本旨是建设，而你却谈思想革命，这未免太矛盾了。实则建设与革命，皆除旧布新之谓，无建设不是革命，无革命不能建设，思想革命与建设的本旨是并不违反的。

思想何以须革命呢？

（一）因为中国的传统思想，有许多不合于现代的需要，非把它铲除不可。

---

① 收入王维骃编《近代名人言论集》1932 年 1 月中外学术研究社出版。

（二）因为传统的思想方法和思想习惯亦不合于现代的需要，非把它改革不可。

中国古来思想之最不适合于现代的环境的，就是崇尚自然。这种思想，历经老、庄、儒、释、道等之提倡，已经根深蒂固，成为中国人的传统思想。现在把它分析起来，则有下列几项：

（一）无为。老庄等皆主清净无为，以为自然比人为好，即儒家亦有些种倾向，如说“夫何言哉。四时行焉，百物生焉。”然而这种思想，却与现代环境的需要相反背，我们所需要的是？

（二）无治。现在的社会需要法律和纪律，而老庄之流则提倡无政府的思想，一切听诸自然。这种思想影响人民的生活者很深，驯致养成“各人自扫门前雪，莫管他人瓦上霜”的态度。

（三）高谈性。理现在的人们需要征服自然，而传统思想，则令吾人听天由命，服从自然的摆布。

（四）无思无虑。惟有思虑，然后有新智识，传统思想则令吾人减少思虑，以不求知为大智，因此科学遂无由发达。

（五）不争不辩。现在的环境，需要人人参与政治，敢于发表舆论，主张公理。传统思想则令吾人得过且过，忘怀一切。“此亦一是非，彼亦一是非”，无所用其争辩。以实行唾面自干，为无上的美德。这种思想与时代精神根本不能相容。

（六）知足。不知足乃进步之母，崇拜自然者叫随遇而安，断了腿，失了臂，也听其自然，这样社会还有进步的可能吗？

以上几种传统思想，与现在中国的环境根本上不相容，故需要思想革命以铲除之。至于传统的思想方法和习惯，也有很多不合现代需要的地方：

（一）镜子式的思想。“寂然不动，感而遂通”，自己不用力，物来则顺应之，这样可谓镜子式的思想。其流弊便是不求甚解，不加深思，只会拾人牙慧，随声附和。

（二）根本上不思想。思想所以解决问题，须要搜集材料，寻求证据，提出反证，再加上分析试验的工夫，是何等的难。然而从前的思想方法，并没有这些步骤，根本上竟是不思想，因此学术不能猛进。

（三）高谈主义而不研究。当此世界各种思想杂然繁兴的时候，国人的思想方法，仍沿时的习惯，于是发生种种不良的现象，人家经多年的研究，经几次的修正，始成立一种学说，一种主义，到了我国，便被人生吞活剥，提出几个标语号，便胡行妄为起来。即以社会思想为例，各国的社会主义者，都研究本国经济发展的过程，社会上种种制度的沿革，以寻求一个改良的方案。反观我国一般人肯这样潜心研究的有几人呢。

（四）要纠正前述的弊病，今后必须尊重专家，延请专家去顾问政治，解决难题；没有专门研究的人，不配担负国家和社会的重要责任。从前袁世凯废止科举，把我国千余年来仅有的一种用人标准根本推翻了。他不想到改良考试的标准，而贸然把考试制度的本身推翻，弄得现在没有一种用人的标准，都是不深思之过。

现在要讲思想自由了，从前的弊端既在于不思想，或没有深的思想，那末纠正之道便是思想之，而思想自由就是鼓励思想的最好方法。无论古今中外，凡思想可以自由发表，言论不受限制的时候，学术就能进步，社会就能向上，反之则学术必要晦塞，社会必要退化。现在中国事事有待于建设，对于思想应当竭力鼓励之，决不可加以压抑。因为今日没有思想的自由，结果就没有真正的思想，有之则为：（一）谄媚阿谀的思想，（二）牢骚怨愤的思想。这两种思想，是只能破坏，不能建设的。

总之，思想如同技术，非经过锻炼不可，没有思想自由，就没有思想革命，没有思想革命，就无从建设一切。就［即］使有了建设，也只是建在沙土之上，决无永久存在之理。

格致与科学[①]

科学初到中国的时候，没有相当的译名，当时的学者就译做“格致”。格致是“格物致知”的缩写。大学里有一句“致知在格物”，但没有说明“格物”是什么或是怎样做。到了宋朝，许多哲学家都下过“格物”的解说，后来竟有六七十家的不同界说。其中最有势力的一个解说是程子（程颐）朱子（朱熹）合作的。他们说，“格”就是“到”，格物就是到物上去穷究物的理。朱子说得最清楚：

天下之物莫不有理，而吾心之明莫不有知……即凡天下之物，莫不因其已知之理而益穷之，以求至乎其极。

即（就）物穷理，是格物；求至乎其极，是致知。

---

① 作于1933年12月19日，收入《胡适全集》（第8卷），安徽教育出版社2003年出版。

这确是科学的目标，以当时译科学为“格致”是不错的。

有人问程子，格物的“物”有多大的范围，程子答道：自一身之中，至万物之理，都是物。他又说：一草一木都应该研究。就是近代科学的研究范围也不过如此。

程子朱子说的格物方法，也很可注意。他们教人：今日格一物，明日又格一物；今日穷一理，明日又穷一理。只要积累多了，自然有豁然贯通的日子。

程子朱了确实有了科学的目标、范围、方法。何以他们不能建立中国的科学时代呢?

他们失败的大原因，是因为中国的学者向来就没有动手动脚去玩弄自然界实物的遗风。程子的大哥程颢就曾说过“玩物丧志”的话。他们说要“即物穷理”，其实他们都是长袍大袖的士大夫，从不肯去亲近实物。他们至多能做一点表现的观察和思考，不肯用全副精力去研究自然界的实物。

久而久之，他们也觉得“物”的范围太广泛了，没有法子应付。所以程子首先把“物”的范围缩小到三项：（一）读书穷理；（二）尚论古人；（三）应事接物。后来程朱一派都依着这三项的小范围，把那“凡天下之物”的大范围完全丢了。范围越缩小，后来竟从“读书穷理”理缩到“居敬穷理”，“静坐穷理”，离科学的境界更远了。

明朝有个理学家王阳明（王守仁），他曾讥笑程子朱子的格物方法。他说："即物穷理是走不通的路。我们曾实地试验过来。有一天，一位姓钱的朋友想实行格物，我叫他去格庭前的竹子。钱先生坐在竹子边，格了三天三夜，格不出道理来。我就自己去试试，一连格了七天，也格不也道理来。我们只好叹口气，说，圣贤是做不成的了，因为我们没有那么大的精力去格物!"

王阳明这段话最可以表示中国的士大夫从来没有研究自然的风气，从来没有实验科学的方法，所以虽然有"格物致知"的理想，终不能实行"即物穷理"，终不能建立科学。

十七世纪以后的"科学"又叫做"汉学"，有精密的方法去研究训诂音韵，去校勘古书。他们做学问的方法是科学的，他们的"实事求是"的精神也是科学的。但他们的范围是跳不出"读书穷理"的小范围，还没有做到那"即物穷理"的科学大范围。

所以我们中国人的科学遗产只有两件：一是程子朱子提出的"即物穷理"的科学目标，一是三百年中朴学家实行的"实事求是"的科学精神与方法。

我们现在和将来的努力，要把这两项遗产打成一片：要用那朴学家"实事求是"的精神与方法来实行理学家"即物穷理"的理想。

知识的准备[1]

在这个值得纪念的仪式完毕之后，你们就被列入少数特权分子之列——大学毕业生。今天并不是标示着人生一段时期的结束或完毕，而是一个新生活的开始，一个真正生活和真正充满责任的开端。

人家对你们作为大学生毕业生的，总期望会与平常人有所不同，和大多数没有念过大学的人有所不同。他们预料你们言行会有怪异之处。

你们有些人或许不喜欢人家把你们视为与众不同，言行怪异的人。你们或许想要和群众混在一起，不分彼此。

---

① 原文为1941年6月在美国普渡大学毕业典礼上的英文演讲，题为"Intellectual Preparedness"，郭博信译文，收入胡颂平编撰《胡适之先生年谱长编初稿》第5册。1984年台北联经出版事业公司出版。

让我们向你们保证，要回到群众中间，使人不分彼此，是一件容易做到的事。假如你们有这个愿望，你们随时都可以做到，你们随时都可以成为一个“好同伴”，一个“易于相处的人”，——而人们，包括你们自己，马上就会忘记你们曾经念过大学这回事。

虽然大学教育当然不该把我们造成为“势利之徒”和“古怪的人”，可是我们大学毕业生一直保留一点儿与众不同的标志，却也不是一件坏事。这一点儿与众不同的标志，我相信，是任何学术机构的教育家所最希望造成的。

大学男女学生与众不同的这个标志是什么呢？多数教育家都很可能会同意的说，那是一个多少受过训练的脑筋——一个多少有规律的思想方式——这会使得，也应当使得，受大学教育的人显出有些与众不同的地方。

一个头脑受过训练的人在看一件事是用批判和客观的态度，而且也用适当的智识学问为凭依。他不容许偏见和个人的利益来影响他的判断，和左右他的观点。他一直都是好奇的，但是他绝对不会轻易相信人。他并不仓猝的下结论，也不轻易的附和他人的意见，他宁愿耽搁一段时间，一直等到他有充分的时间来查事实和证据后，才下结论。

总而言之，一个受过训练的头脑，就是对于易陷入于偏见、武断和盲目接受传统与权威的陷阱，存有戒心和疑惧。同时，一个受过训练的脑筋不是消极或是毁灭性的。他怀疑人并不是喜欢怀疑的缘故；也并不是认为“所有的话都有可疑之处，所有的判断都有虚假之处”。他之所以怀疑是为了确切相信一件事。为了要根据更坚固的证据和更健全的推理为基础，来建立或重新建立信仰。

你们四年的研究和实验工作一定教过你们独立思考、客观判断、有系统的推理，和根据证据来相信某一件事的习惯。这些就是，也应当是，标示一个人是大学生的标志。就是这些特征才使你们显得“与众不同”和“怪异”，而这些特征可能会使你们不孚众望或不受欢迎，甚至为你们社会里大多数人所畏避和摒弃。

可是，这些有点令人烦恼的特点却是你们母校于你们居留在此时间中，所教导你们而为此最感觉自豪的事。这些求知习惯的训练，如果我没有判断错误的话，也就是你们在大学里有责任予以培养起来的，回家时从这个校园里所带走的，并且在你们整个一生和在你们一切各种活动中，所继续不断的实行和发展的。

伟大的英国科学家，同时也是哲学家的赫胥黎（Thomas. H. Huxley）曾说过：“一个人一生中最神圣的行为就是口里讲，内心深感觉到这句话：‘我相信某件事是实在的。’紧附在那个行为上的是人生存在世上一切最大的报酬和一切最严重的责罚。”要成功的完成这一个“最神圣的行为”，那应用在判断、思考，和信仰上的思想训练和规律是必要的。

所以在这一个值得纪念的日子，你们必须问自己的第一个问题就是：我是否获得所期望于为一个受大学教育的我所该有的充分智识训练吗？我的头脑是否有充分的装备和准备来做赫胥黎所说的“一个人一生中最神圣的行为”？

我们必须要体会到“一个人一生中最神圣的行为”也同时是我们日常所需做的行为。另一个英国哲学家弥尔（John Stuart Mill）曾说过：“各个人每天每时每刻都需要确切证实他所没有直接观察过的事情……法官、军事指挥官、航海人员、医师、农场经营者（我们还可以加上一般的公民和选民）的事，也不过是将证据加以判断，并按照判断采取行动……就根据他们做法（思考和推论）的优劣，就可以决定他们是否尽其分内的职责。这是头脑所不停从事的职责。”

由于人人每日每时都需要思考，所以人在思考时，极容易流于疏忽，漠不关心，和习惯性的态度。大学教育毕竟难以教给我们一整套精通与永久适用的求知习惯，原因是其所需的时间远超过大学的四年。大学毕业生离开了他的实验室和图书馆，往往感觉到他已经工作得太劳累，思考得太辛苦，毕业后应当享受到一种可以不必求知识的假期。他可能太忙或者太懒，而无法把他在大学里刚学到而还没有精通的知识训练继续下去。他可能不喜欢标榜自己为受过大学教育“好炫耀博学的人”。他可能发现讲幼稚的话与随和大众的反应是一种调剂，甚至是一种愉快的事。无论如何，大学毕业生离开大学之后，最普遍的危险就是溜回到怠惰和懒散方式的思考和信仰。

所以大学生离开学校后，最困难的问题就是如何继续培养精稳实验室研究的思考态度和技术，以便将这种思考的态度和技术扩展到他日常思想、生活和各种活动上去。

天下没有一个普遍适用以提防这种懒病复发的公式。但是我们仍然想献给列位一个简单的妙计，这个妙计对我自己和对我的学生和朋友都很实用。

我所想要建议的是各个大学毕业生都应当有一个或两个或更多足以引起兴趣和好奇心的疑难问题，借以激起他的注意、研究、探讨，或实验的心思。你们大家都知道的，一切科学的成就都是由于一个疑难的问题碰巧激起某一个观察者的好奇心和想象力所促成的。有人说没有装备良好的图书馆和实验室是无法延续求知的兴趣。这句话是不确实的。请问阿基米德、伽利略、牛顿、法拉第，或者甚至达尔文或巴斯德究竟有什么实验室或图书馆的装备呢？一个大学毕业生所需要的仅是一些会激起他的好奇心、引起他的求知欲和挑激他的想法求解决的有趣的难题。那种挑激引发的性质就足够引致他搜集资料、触类旁通、设计工具，和建立简单而适用的试验和实验室。一个人对于一些引人好奇的难题不发生兴趣的话，就是处在设备良好的实验室和博物馆中，智识上也不会有任何发展。

四年的大学教育所给予我们的，毕业只不过是已经研究出来和尚未研究出来的学问浩瀚范围的一瞥而已。不管我们主修的是哪一个科目，我们都不应当有自满的感觉，以为在我们专门科目范围内，已经没有不解决的问题存在。凡是离开母校大门而没有带一两个智识上的难题回家去，和一两个在他清醒时一直缠绕着他的问题，这个人的智识生活可以说是已经寿终正寝了。

这是我给你们的劝告：在这一个值得纪念的日子里，你们该花费几分钟，为你们自己列一个智识的清单，假如没有一两个值得你们下决心解决的智识难题，就不轻易步入这个大世界。你们不能带走你们的教授，也不能带走学校的图书馆和实验室。可是你们带走几个难题。这些难题时刻都会使你们智识上的自满和怠惰下来的心受到困扰。除非你们向这些难题进攻，并加以解决，否则你们就一直不得安宁。那时候，你们看吧，在处理和解决这些小难题的时候，你们不但使你们思考和研究的技术逐渐纯熟和精稔，而且同时开拓出智识的新地平线并达到科学的新高峰。

这种一直有一些激起好奇心和兴趣疑难问题来刺激你们的小妙计有许多功用。这个妙计可使你们一生中对研究学问的兴趣永存不灭，可开展你们新嗜好的兴趣，把你们日常生活提高到超过惯性和苦闷的水准之上。常常在沉静的夜里，你们突然成功的解决了一个讨厌的难题而很希望叫醒你们的家人，对他们叫喊着说："我找到了，我找到了！"那时候给你们的是智识上的狂喜和很大的乐趣。

但是这种自找问题和解决问题方式最重要的用处，是在于用来训练我们的能力，磨练我们的智慧，而因此使我们能精稔实验与研究的方法和技术。对思考技术的精稔可能引使你们达到创造性的智识高峰；但是也同时会渐渐的普遍应用在你们整个生活上，并且使你们在处理日常活动时，成为比较懂得判断的人，会使你们成为更好的公民，更聪明的选民，更有智识的报纸读者，成为对于目前国家大事或国际大事一个更为胜任的评论者。

这个训练对于为一个民主国家里公民和选民的你们是特别重要的。你们所生活的时代是一片充满了惊心动魄事件的时代，一个势要毁灭你们政府和文化根基的战争时代。而从各方面拥集到你们身上的是强有力不让人批驳的思想形态，巧妙的宣传，以及随意歪曲的历史。希望你们在这个要把人弄得团团转的旋风世界中，要建立起你们判断力，要下自己的决心，投你们的票和尽你们的本分。

有人会警告你们要特别提高警惕，以提防邪恶宣传的侵袭。可是你们要怎样做才能防御宣传的侵入呢？因为那些警告你们的人本身往往就是职业的宣传员，只不过他们罐头上所用的是不同的商标；但这些罐头里照样是陈旧的和不准批驳的东西。

例如，有人告诉你们，上次世界大战所有一切唯心论的标语，像“为世界民主政治的安全而战”和“以战争来消弭战争”，这些话，都是想讨人欢喜的空谈和烟幕而已。但是揭露这件事的人也就是宣传者，他要我们全体都相信美国之参加上次世界大战是那些“担心美元英镑贬值”放高利贷者和发战争财者所促成的。

再看另一个例子。你们是在一个信仰所培养之下长大起来的。这些信仰就是相信你们的政府形式，属于人民的政府，尊敬个人的自由特别是相信那保护思想、信仰、表达和出版等自由的政府形式是人类最伟大的成就之一；但是我们这一代的新先知们却告诉你们说，民主的代议政府仅是资本主义制度下的一个必然的副产品，这个制度并没有实质的优点，也没有永恒的价值；他们又说个人的自由并不一定是人们所希求的；为了集体的福利和权力的利益起见，个人的自由应当视为次要的，甚至应当加以抑压下去的。

这些和许多其他相反的论调到处都可以看到听到，都想要迷惑你们的思想，麻木你们的行动。你们需要怎么样准备自己来对付一切所有这些相反的论调呢？当然不会是紧闭着眼睛不看，掩盖着耳朵不听吧。当然也不会躲在良好的古老传统信仰的后面求庇护吧，因为受攻击和挑衅的就是古老的传统本身。当然也不会是诚心诚意的接受这种陈腔烂调和不准批驳的思想和信仰的体系，因为这样一个教条式的思想体系可能使你们丢失了很多的独立思想，会束缚和奴役你们的思想，以致从此之后，你们在智识上说，仅是机械一个而已。

你们可能希望能保持精神上的平衡和宁静，能够运用你们自己的判断，惟一的方法就是训练你们的思想，精稔自由沉静思考的技术。使我们更充分了解智识训练的价值和功效的，就是在这智识困惑和混乱的时代。这个训练会使我们能够找到真理——使我们获得自由的真理。

关于这种训练与技术，并没有什么神秘的地方。那就是你们在实验室所学到的，也就是你们最优秀的教师终生所从事的，而在你们研究论文上所教你们的方法，那就是研究和实验的科学方法。也就是你们要学习应用于解决我所劝你们时刻要找一两个疑难问题所用的同样方法。这个方法，如果训练得纯熟精通，会使我们能在思考我们每天必须面对有关社会、经济，和政治各项问题时，会更清楚，会更胜任的。

以其要素言，这个科学技术包括非常专心注意于各种建议、思想和理论，以及后果的控制和试验。一切思考是以考虑一个困惑的问题或情况开始的。所有一切能够解决这个困惑问题的假设都是受欢迎的。但是各个假设的论点却必须以在采用后可能产生的后果来作为适用与否的试验，凡是其后果最能满意克服原先困惑所在的假设，就可接受为最好和最真实的解决方法。这是一切自然、历史和社会科学的思考要素。

人类最大的谬误，就是以为社会和政治问题简单得很，所以根本不需要科学方法的严格训练，而只要根据实际经验就可以判断，就可以解决。

但是事实却是刚刚相反的。社会与政治问题是关连着等待千千万万人命和福利的问题。就是由于这些极具复杂性和重要性的问题是十分困难的，所以使得这些问题到今日还没有办法以准确的定量衡量方法和试验与实验的精确方法来计量。甚至以最审慎的态度和用严格的方法无法保证绝无错误。但是这些困难却省免不了我们用尽一切审慎和批判的洞察力来处理这些庞大的社会和政治问题和必要。

两千五百年前某诸侯①问孔子说："一言而可以兴邦，……一言而丧邦，有诸……"

想到社会与政治的问题，总会提醒我们关于向孔子请教的这两个问题，因为对社会与政治的思考必然会连带想起和计划整个国家、整个社会或者整个世界的事。所以一切社会与政治理论在用以处理一个情况时，如果精心大意或固守教条，严重的说来，可能有时候会促成预料不到的混乱、退步、战争和毁灭，有时就真的是一言兴邦，一言丧邦。

刚就在前天，希特勒对他的军队发出一个命令，其中说到一句话：他要决定他的国家和人民未来一千年的命运！

---

① 译者按：此处某诸侯乃指鲁定公。

但希特勒先生一个人是无法以个人的思想来决定千千万万人的生死问题。你们在这里所有的人需要考虑你们即将来临的本地与全国选举中有所选择，所有的人需要对和战问题表达意见，并不决定。是的，你们也会考虑到一个情况，你们在这个情况中的思考是正确，是错误，就会影响千千万万人的福利，也可能直接或间接的决定未来一千年世界与其文化的命运！

所以为少数特权阶级的我们大学男女，严肃的和胜任的把自己准备好，以便像在今日的这个时代，这个世界，每日从事思考和判断，把我们自己训练好，以便做有责任心的思考，乃是我们神圣的任务。

有责任心的思考至少含着三个主要的要求：第一，把我们的事实加以证明，把证据加以考查；第二，如有差错，谦虚的承认错误，慎防偏见和武断；第三，愿意尽量彻底获致一切会随着我们观点和理论而来的可能后果，并且道德上对这些后果负责任。

怠惰的思考，容许个人和党团的因素不知不觉的影响我们的思考，接受陈腐和不加分析的思想为思考之前提，或者未能努力以获致可能后果，来试验一个人的思想是否正确等等就是智识上不负责任的表现。

你们是否充分准备来做这件在你们一生中最神圣的行动——有责任心的思考？

考试与教育[①]

我在民国二十三年，曾在考试院住过几天，也在此会场讲过话，所以这次重来，非常愉快。尤其看到考试院的建筑没有被破坏，并知道今年参加高考的人数超过以前任何时期，现在交通如此不方便，而全国各大城市参加高考的人数，竟达万人以上（就在我们北大的课室中，也有不少的人在应试）。我感觉到，自民国二十年举行第一次考试以来，这十六年间，考试制度的基础已相当巩固。我是拥护考试制度的一个人，目睹考试制度的巩固，与应考人数的增多，至为高兴。

今天考试院的几位朋友，要我来谈谈考试与教育的问题。

---

① 1947年胡适任北京大学校长期间，应当时考试院院长戴季陶之邀，在考试院所作演讲摘录。

当然考试与教育与学校，都有很深的关系。中国的考试制度，可算有两千多年的历史。在汉朝初开国的几十年，本来没有书生担负政治上的重要责任，后来汉武帝的宰相公孙弘向武帝建议两件大事：其一是“予博士以弟子。”因过去只有博士，而没有学生，公孙弘主张给博士收学生，每个博士给予学生十人，后来学生数目逐渐增加，至王莽时代，增至一万人，迨东汉中期，更增至三万人。这两个建议，一个是立学校，给博士以弟子员，《汉书》所谓“因旧官而兴焉为博士官、置弟子 50 人，复其身”。以前博士是没有弟子的，至是给每个博士以 10 个学生，随从他们受教，就成为后来京都大学的根基。起初弟子只有 50 人，到了平帝时增为 3000 人，王莽时更扩充到 1 万人，到东汉末叶，更达到 30000 余人。这是学校教育在汉代发展的状况。另一个建议，便是考试制度的确立。当时国家的法令和皇帝的诏书，不但百姓不能了解，即政府的官吏，也有许多看不懂，公孙弘建议武帝，指定若干经典为范围，诏天下士民，凡能背诵一部的，即授以官职，即从博士受学的学生亦须经过相当于现在毕业考试的考试，才予以官做。《汉书·儒林传》所谓“一岁皆辄试，能通一艺以上，补文学故缺，其高弟可为郎中者，太常籍奏，郎有秀才异等辄以名闻。”因为这样，就有积数十年尚不能考上做官的情形。这就是以后考试制度的滥觞。公孙弘从教育与考试两者双管齐下，在此后的社会心理及政治文化上，均发生了极重大的变化。

这种考试制度的兴起，是在西历纪元前124年的时候，距今已是2100多年的历史了。它影响于以后社会风气的，第一是私人讲学风气的兴盛；第二是阶级制度的打破；第三是大一统国家的维系与发展。

由于考试制度兴起，士民通一艺，习一经的，都可以应试求官，影响所及，私立学校，于以设立，讲学风气于以大开。东汉时候，像这样的学校，有100多所，每校有四五百人的，也有数千人的，再加以朝廷的崇奖，社会的重视，巨儒大师，人履卿相，其数之多，尤为史所罕见。读过《汉书》尤其《后汉书》的人，对于这点，当然是很容易看出的，这里且不多讲。我们且看看当时学校的情形及讲课的内容，因为学校都是私人所办的，私人住宅当然容纳不了那么许多的学生，于是学校附近，开宿舍的卖小食的应运而生，以供应学生食宿，活像今天各地大学附近的状况。至于师生教授的教材，因为这种学校是针对考试制度而设立的，国家所考的，便是学校所教的，老师根据政府所订的标准而教，学生根据政府所订的标准来学。在最初，考试非一途，授受非一艺，学校里所教的课程，还比较广博，到了后来，考试的范围，愈缩愈小，在唐代还有十余科的，到宋朝仅剩进士一科，进士一科，又仅考试赋予经义，于是公私立学校所授的教材，枯窘贫乏得可怜。这是考试制度影响于社会生活及政治文化的一点。

其次便是阶级观念的打破。在中国是没有阶级制度的，贫富只是经济力量的差距。今天贫的人，明天可以富，今天富的人，明天可以贫，不像西洋贵族僧侣平民以及印度严格的 Caste 那样的不相逾越，不相婚姻，所以贫富不能并称阶级，即是说“中国有贫富之悬差而无阶级之对立”。其所以致此的原因何在呢？当然要归功于考试制度了。考试只问能否及格，不问出身来历，所以即使是最寒微的人，只要能够考试及格，就有官做，就可以释褐而跻卿相。这在中国几千年的人心，影响是极大的。我在外国的时候，人家请我讲中国考试制度，我总爱拿“金玉奴棒打薄情郎”一出戏讲给他们听。这幕戏扮演的故事，想是大家都知道的，丐头金松的女儿金玉奴，是个妙龄美丽的姑娘，在一个飞霜下雪的冬天，打开门来，看见一个衣服褴褛的青年，冻倒在地下，已到半死的状态，她禀明了父母，把他救醒，知道他是一个进京应考的书生，加倍的爱怜，于是把他留下，不久就同他结婚，结婚以后，这位穷书生便晋京考取进士，以县尉分发任用，携家眷赴任，但是这位穷书生这时做官了，觉得做丐头的女婿，是不体面的，于是设法在月明星稀的晚上，借着在船边赏月的机会，把金玉奴推下水去，希望把这件“不体面”的亲事泯灭后，另行施展着如意的算盘，不料她下水后，为后面的一只船救起，船上的主人，正是书生的上司，询明情由，收为养女，等到到任以后，便把她嫁给书生，于是演成了这幕富有趣味的滑稽剧。从这段故事里，我们看出，一般人对于这位穷书生的考中进士，做了县官，并没有认为不该；一位丐头的女儿，嫁给中了进士的官员，也没有认为不该，而对于这位书生的所为，一律以薄幸郎看待，这说明考试的观念，穷人可做官，丐女可做官太太，阶级的观念，在中国可以说是没有丝毫存在的了。这是考试制度对中国社会观念，政治文化影响的第二点。

再其次便是对于国家政治统一上的影响。中国自秦汉以后，即为一统的国家。虽然中国曾有多次的分裂，但不久复归于统一。其所以形成如此的原因虽多，而公开的考试制度究不失为一个重要的因素。我们知道，过去国内的交通非常不便，不像今天有飞机到四川、甘肃，几小时可以飞到，即是轮船，火车，汽车等交通工具，也比较以前纯粹靠人靠马来行的要快得多，在那样困难与阻塞的情形下，中央所派到地方的官吏，并不需要武力护送，人民高兴接受，没有动辄出了乱子，来维持国家的统一，达到2000多年，这主要的原因何在呢？一由于公开的客观考试，录取真才，同时注意各地的文化水准，保持各地的最低名额，如像清代中叶以后，就把状元或三鼎甲奖给边远省份，如四川、贵州、山西、云南、广东、广西也相继出了状元或榜眼、探花，使此等特殊的光荣，不致为少数文化水准特高的省份所独占，因而给边远省份的天才以特殊的鼓励，边远省份的人心发生了极大的向心力，这是考试制度注意各省平等的结果。其二，便是由于回避制度的建立，这就是考试与铨叙联系的问题。从前国家用人，无论任免迁调，都是统筹于吏部的。在这样严密的控制下，官员的任用，就没有像今天的随便，要到那里，就到那里。清代盛行的“文官隔省，武官隔道”的说法，想来至今尚为大家所熟知的。有了这种制度，不但可以防微杜渐，避免枉法殉情之弊，并且发生沟通文化交换人才的作用，使各地人民的感情渐渐的增加起来，成为凝固的结合体。有此两种原因，所以能够把大一统的国家，维持2000多年，这是考试制度影响于政治文化及社会生活的第三点。

现在我们再说到考试制度的流变。

最初考试制度并不像以后的严密与公平。唐代应考的人和考官交通在所不禁，考官采取声誉，士子托人游扬，或竟自怀所作文字投谒，都不算是犯法的事。到后来，规则逐渐加严，禁止怀挟和易书等制度逐渐兴起。到了宋真宗时，更制定弥封制度。从此国家考试，纯就公平的客观的标准，决定应考人员的成绩，而徇私舞弊的情形，由是减到最低限度。另外在考试科目方面，唐代初年，除进士一科以外，还有秀才、明经、医学、法律、武艺、历算诸科的，但是后来社会上一般人对于这类科目，都认为是小道、是技艺，看不出什么天才和本领，反之进士一科，是以文学创作为标准的，好的作品，充满了天才的活力与风格，而且人才辈出，一时的名流，差不多全是这科出身的人物。我们知道文学创作，虽然没有实际的用处，但却是天才的表现，能够考中进士的人，智慧是一定很高的，有了很高的智慧考中进士以后，从而习法律政事，也不是件难事，所以进士科出身的人，做官做事的成绩，也非常的好。于是朝廷对于此科异常重视，社会心理对于此科亦异常羡慕。人家有女儿，想嫁给进士，小姐们遂以嫁给进士，尤其进士的第一人状元为殊荣。小姐们的心理与趋向，对于社会进步的方向，是有决定作用的。所以唐代中叶以后其他各科，俱成冷门，无人问津。到了宋朝王荆公的时候竟索性的把其他各科废除，单存进士一科，同时认为诗文取士，无益于治，乃废诗赋而考经义，但不想竟成为后来八股的滥觞。所谓“本欲变学究为秀才，不料变秀才为学究。”也是这位大政治家大思想家始料所不及的。这是当时的社会背景所使然，是无足怪的。

我在国外的时候，时常感觉到，中国文化对于世界的一个伟大贡献，就是公开的客观的文官考试制度。没有一个国家的考试制度，能够像我们这样久远、严密与公开。我们的考试制度，拿汉代来说，有 2100 多年，隋朝来说，有 1400 年，唐代迄今有 1300 多年，就是宋真宗制定弥封办法时，至今也有 900 多年。反观西洋国家实行文官考试制度，至多不上二三百年，而且都是受了中国的影响的。我们感到 2000 多年前，这位山东牧羊的公孙弘，能有这种见地，不能不承认他是个了不起的人物。

哈佛大学的《亚洲研究》杂志前年曾刊登一篇北京大学教授丁士仪先生写的一篇文章，题为《中国文官考试制度对英国文官考试制度之影响的研究》，说明十七八世纪欧洲东来的传教士，回国以后竭力的介绍中国历史文化政治制度到欧洲，其中就有人介绍中国的考试制度。1791 年法国革命时，革命政府曾宣布这种思想。传到英国，英国的学术界，正当边沁（Bentham）、弥儿（Mill）领导的功利学派（Utilitanism）盛行的时候，他们主张改革政治，改革社会，以谋取最大多数的最大幸福（Greatest happiness of greatest number）为目标，对于中国的考试制度，极为看重，主张英国也应加以采用。在太平天国时代，英国出版过一本书名叫《中国人与中国革命》（Chinese and China revolution），在这本书里面，有个附录，是一个官员向政府及人民写的建议书，要求英国政府采用中国的文官考试制度，这可说当时英国人对于考试制度的重视。后来有人把主张采用考试制度的案子，提到国会讨论时，国会里分成赞成和反对的两派。赞成的，以中国能够维持强大统一的国家达 2000 多年，这种公开的客观的考试制度，是其主要的原因，无疑的考试制度是个良好的制度，值得采用；反对的以中国自鸦片战争以后，政治腐败，对外战争，屡屡失败，其国家一切制度，实不足为法。

英国是个谨慎保守的民族，可是无论是反对派或赞成派，都承认考试制度是中国特有的，因为反对派的意见，国会里遂把实施考试制度的计划，也搁了多年。等到在印度、缅甸等地试验著有成绩后，到19世纪的后半期，才在英国的本土实行起来。以后德国、法国、美国相继仿效，施行考试制度，成绩斐然。至今我们要恢复考试制度，反要取镜于欧美各国。由此我们可以看出中国考试制度对世界各国影响之大，价值之高，这是我们祖先对于世界文化之伟大贡献，是值得我们重视的。

现在再说到现行的考试制度。现在考试的种类及科目，已能兼取西方之长，适合时代需要，诗词已不再拿来考人了。虽则考试院戴院长、贾先生及每次典试的诸先生，都爱在入闱时作诗填词，但都不过是一种余兴，个人爱好，并没有拿来考人，这是一种进步，是值得庆幸的一件事。但是尽管现在的高等考试，已经办了16年，人才辈出，成绩斐然，尽管社会人士，已有相当认识，参加考试的人数，一次一次的加多，而比起以前科举时代进士被人重视的一点，仍然是相差悬殊的。现在人家择女婿，不以高考为条件了，小姐们的理想丈夫，也不是高考第一名的先生了。现在大家所仰慕的，高考还不够，要留学生，顶好是个博士，而且是个学工程的。这是事实，是大家都知道的事实。我们知道，小姐们的重视高考及格人员与否，对于考试制度的影响，是具有权力的。

怎样使社会人士和小姐们对高考人员的重视像过去的进士一样，这是我们应该研究的一个问题，可是我现在还没有方案来答复大家。

我刚才曾同戴先生谈到北京大学的故事。这个学生是学法律的，中、英文都很好，这期毕业，毕业论文是用英文写成的，学校很早就聘他留学校担任助教，他没有干。北平高等法院首席检察官在校兼课，很看得起他，约他到院里作事，他说："谢谢，我不干！"后来毕业论文是缴了，却没有参加考试，打听结果，他到一家私人银行作练习生去了，拿的酬报，比教授还多，比较校长也几乎相等，这样他当然用不着文凭，用不着考试，他的职务是不铨叙的，学校管不了他，考试院也管不了他。其次再拿我来说，我有32张博士文凭，一张是用功得来的，31张是名誉博士，各大学赠予的，现在又是国立大学的校长，但是所拿的薪金，和一个银行练习生差不多。虽然我不拿钱来作人的评价的标准，但在这种情形下，怎样能使社会人士对于考试及格的人，加以重视并起信仰呢？

最后我希望各位在考试院作事的先生，于研究国内外高深学术之余，不妨将明清以来，社会上最流行的才子佳人小说，研究一下，要用什么方法才可以恢复过去社会上对考试制度的心理，这是我要考考大家的一个题目。

人生问题[1]

1903年，我只有十二岁，那年12月17日，有美国的莱特弟兄作第一次飞机试验，用很简单的机器试验成功，因此美国定12月17日为飞行节。12月17日正是我的生日，我觉得我同飞行有前世因缘。

我在前十多年，曾在广西飞行过十二天，那时我作了一首《飞行小赞》，这算是关于飞行的很早的一首辞。诸位飞过大西洋、太平洋，我在民国三十年，在美国也飞过四万英里，这表示我同诸位不算很隔阂。

今天大家要我讲人生问题，这是诸位出的题目，我来交卷。

这是很大的问题，让我先下定义，但是定义不是我的，

---

① 1948年8月12日在北平空军司令部的讲演，载1948年8月13日《世界日报》。

而是思想界老前辈吴稚晖的。他说："人为万物之灵。"怎么讲呢？第一，人能够用两只手做东西。第二，人的脑部比一切动物的都大，不但比哺乳动物大，并且比人的老祖宗猿猴的还要大。有这能做东西的两手和比一切动物都大的脑部，所以说人为万物之灵。

人生是什么？即是人在戏台上演戏，在唱戏。看戏有各种看法，即对人生的看法叫做人生观。但人生有什么意义呢？怎样算好戏？怎样算坏戏？我常想：人生意义就在我们怎样看人生。意义的大小浅深，全在我们怎样去用两手和脑部。人生很短，上寿不过百年，完全可用手脑做事的时候，不过几十年。有人说，人生是梦，是很短的梦。有人说，人生不过是肥皂泡。其实，就是最悲观的说法，也证实我上面所说人生的有没有意义，全看我们对人生的看法。就算他是做梦吧，也要做一个热闹的，轰轰烈烈的好梦，不要做悲观的梦。既然辛辛苦苦的上台，就要好好的唱个好戏，唱个像样子的戏，不要跑龙套。人生不是单独的，人是社会的动物，他能看见和想象他所看不到的东两，他有能看到上至数百万年下至子孙百代的能力。无论是过去，现在，或将来，人都逃不了人与人的关系。比如这一杯茶（讲演桌上放着一杯玻璃杯盛的茶）就包括多少人的供献，这些人虽然看不见，但从种茶，挑选，用自来水，自来水又包括电力等等，这有多少人的供献，这就可以看出社会的意义。我们的一举一动，也都有社会的意义，譬如我随便往地上吐口痰，经太阳晒干，风一吹起，如果我有痨病，风可以把病菌带给几个人到无数人。我今天讲的话，诸位也许有人不注意，也许有人认为没道理，也许说胡适之胡说，是瞎说八道，也许有人因我的话而去看看书，也许竟一生受此影响。一句话，一句格言，都能影响人。

我举一个极端的例子，两千五百年前，离尼泊尔不远地方，路上有一个乞丐死了，尸首正在腐烂。这时走来一位年轻的少爷叫 Gotama，后来就是释迦牟尼佛，这位少爷是生长于深宫中不知穷苦的，他一看到尸首，问这是什么？人说这是死。他说：噢！原来死是这样子，我们都不能不死吗？这位贵族少爷就回去想这问题，后来跑到森林中去想，想了几年，出来宣传他的学说，就是所谓佛学。这尸身腐烂一件事，就有这么大的影响。飞机在莱特兄弟做试验时，是极简单的东西，经四十年的工夫，多少人聪明才智，才发展到今天。我们一举一动、一言一行、一点行为都可以有永远不能磨灭的影响。几年来的战争，都是由希特勒的一本《我的奋斗》闯的祸，这一本书害了多少人？反过来说，一句好话，也可以影响无数人，我讲一个故事：民国元年，有一个英国人到我们学堂讲话，讲的内容很荒渗，但他的 O 字的发音，同普通人不一样，是尖声的，这也影响到我的 O 字发音，许多我的学生又受到我的影响。在四十年前，有一天我到一外国人家去，出来时鞋带掉了，那外国人提醒了我，并告诉我系鞋带时，把结头底下转一弯就不会掉了，我记住了这句话，并又告诉许多人，如今这外国人是死了，但他这句话已发生不可磨灭的影响。总而言之，从顶小的事情到顶大的像政治、经济、宗教等等，我们的一举一动都有不可磨灭的影响，尽管看不见，影响还是有。在孔夫子小时，有一位鲁国人说：人生有三不朽，且器立德，立功，立言。立德就是最伟大的人格，像耶稣、孔子等。立功就是对社会有供献。立言包括思想和文学，最伟大的思想和文学都是不朽的。但我们不要把这句话看得贵族化，要看得平民化，比如皮鞋打结不散，吐痰，O 的发音，都是不朽的。就是说：不但好的东西不朽，坏的东西也不朽，善不朽，恶亦不朽。一句好话可以影响无数人，一句坏话可以害死无数人。这就给我们一个人生标准，消极的我们不要害人，要懂得自己行为。积极的要使这社会增加一点好处，总要叫人家得我一点好处。

再回来说，人生就算是做梦，也要做一个像样子的梦。宋朝的政治家王安石有一首诗，题目是《梦》。说："知世如梦无所求，无所求心普定寂，还似梦中随梦境，成就河沙梦功德。"不要丢掉这梦，要好好去做！即算是唱戏，也要好好去唱。

自由主义[①]

孙中山先生曾引一句外国成语："社会主义有五十七种，不知哪一种是真的。"其实"自由主义"也可以有种种说法，人人都可以说他的说法是真的，今天我说的"自由主义"，当然只是我的看法，请大家指教。

自由主义最浅显的意思是强调的尊重自由，现在有些人否认自由的价值。同时又自称是自由主义者。自由主义里没有自由，那就好像《长坂坡》里没有赵子龙，《空城计》里没有诸葛亮，总有点叫不顺口罢！据我的拙见，自由主义就是人类历史上那个提倡自由、崇拜自由、争取自由、充实并推广自由的大运动。

---

① 1948年9月4日北平电台的广播词，载于同年9月5日的北平《世界日报》。

“自由”在中国古文里的意思是：“由于自己”，就是不由于外力，是“自己作主”。在欧洲文字里，“自由”含有“解放”之意，是从外力裁制之下解放出来，才能“自己作主”。在中国古代思想里，“自由”就等于自然，“自然”是“自己如此”，“自由”是“由于自己”，都有不由于外力拘束的意思。陶渊明的诗：“久在樊笼里，复得返自然”，这里“自然”二字可以说是完全同“自由”一样。王安石的诗：“风吹瓦堕屋，正打破我头……我终不嗔渠，此瓦不自由。”这就是说，这片瓦的行动是被风吹动的，不是由于自己的力量。中国古人太看重“自由”，“自然”的“自”字，所以往往看轻外面的拘束力量，也许是故意看不起外面的压迫，故意回向自己内心去求安慰、求自由。

这种回向自己求内心的自由，有几种方式，一种是隐遁的生活——逃避外力的压迫，一种是梦想神仙的生活——行动自由，变化自由——正如庄子说，列子御风而行，还是“有待”，“有待”还不是真自由，最高的生活是事人无待于外，道教的神仙，佛教的西天净土，都含有由自己内心去寻求最高的自由的意义。我们现在讲的“自由”，不是那种内心境界，我们现在说的“自由”，是不受外力拘束压迫的权利，是在某一方面的生活不受外力限制束缚的权利。

在宗教信仰方面不受外力限制，就是宗教信仰自由。在思想方面就是思想自由，在著作出版方面，就是言论自由、出版自由。这些自由都不是天生的，不是上帝赐给我们的，是一些先进民族用长期的奋斗努力争出来的。

人类历史上那个自由主义大运动实在是一大串解放的努力。宗教信仰自由只是解除某个某个宗教威权的束缚，思想自由只是解除某派某派正统思想威权的束缚。在这些方面……在信仰与思想的方面，东方历史上也有很大胆的批评者与反抗者。从墨翟、杨朱，到桓谭、王充，从范缜、傅奕、韩愈，到李贽、颜元、李塨，都可以说是为信仰思想自由奋斗的东方豪杰之士，很可以同他们的许多西方同志齐名比美，我们中国历史上虽然没有抬出"争自由"的大旗子来做宗教运动，思想运动，或政治运动，但中国思想史与社会政治史的每一个时代都可以说含有争取某种解放的意义。

我们的思想史的第一个开山时代，就是春秋战国时代——就有争取思想自由的意义。

古代思想的第一位大师老子，就是一位大胆批评政府的人。他说："天下多忌讳，而民弥贫。""法令滋彰，盗贼多有。""民之饥，以其上食税之多，是以饥。""民之难治，以其上之有为，是以难治。""民之轻死，以其求生之厚，是以轻死。""天之道损有余，而补不足。""人之道则不然，损不足以奉有余。"老子同时的邓析是批评政府而被杀的。另一位更伟大的人就是孔子，他也是一位偏向左的"中间派"，他对于当时的宗教与政治，都有大胆的批评，他的最大胆的思想是在教育方面："有教无类。""类"是门类，是阶级民族，"有教无类"是说："有了教育，就没有阶级民族了。"

从老子孔子打开了自由思想的风气，二千多年的中国思想史，宗教史，时时有争自由的急先锋，有时还有牺牲生命的殉道者。孟子的政治思想可以说是全世界的自由主义的最早一个倡导者。孟子提出的"大丈夫"是"贫贱不能移，富贵不能淫，威武不能屈。"这是中国经典里自由主义的理想人物。在二千多年历史上，每到了宗教与思想走进了太黑暗的时代，总有大思想家起来奋斗，批评，改革。

汉朝的儒教太黑暗了，就有桓谭、王充、张衡起来做大胆的批评。后来佛教势力太大了，就有齐梁之间的范缜，唐朝初年的傅奕，唐朝后期的韩愈出来，大胆的批评佛教，攻击那在当时气焰熏天的佛教。大家都还记得韩愈攻击佛教的结果是："一封朝奏九重天，夕贬潮阳路八千。"佛教衰落之后，在理学极盛时代，也曾有多少次批评正统思想或反抗正统思想的运动。王阳明的运动就是反抗朱子的正统思想的。李卓吾是为了反抗一切正宗而被拘捕下狱，他在监狱里自杀的，他死在北京，葬在通州，这个七十六岁的殉道者的坟墓，至今存在，他的书经过多少次禁止，但至今还是很流行的。北方的颜李学派，也是反对正统的程朱思想的，当时，这个了不得的学派很受正统思想的压迫，甚至于不能公开的传授。这三百年的汉学运动，也是一种争取宗教自由思想自由的运动。汉学是抬出汉朝的书做招牌，来掩护一个批评宋学的大运动。这就等于欧洲人抬出圣经来反对教会的权威。

但是东方自由主义运动始终没有抓住政治自由的特殊重要性，所以始终没有走上建设民主政治的路子。西方的自由主义绝大贡献正在这一点，他们觉悟到只有民主的政治方才能够保障人民的基本自由，所以自由主义的政治意义是强调的拥护民主。一个国家的统治权必须放在多数人民手里，近代民主政治制度是安格罗撒克逊民族的贡献居多，代议制度是英国人的贡献，成文而可以修改的宪法是英美人的创制，无记名投票是澳洲人的发明，这就是政治的自由主义应该包含的意义。我们古代也曾有“天视自我民视，天听自我民听”，“民为邦本”，“民为贵，社稷次之，君为轻”的民主思想。我们也曾在二千年前就废除了封建制度，做到了大一统的国家，在这个大一统的帝国里，我们也曾建立一种全世界最久的文官考试制度，使全国才智之士有参加政府的平等制度。但，我们始终没有法可以解决君主专制的问题，始终没有建立一个制度来限制君主的专制大权，世界只有安格罗撒克逊民族在七百年中逐渐发展出好几种民主政治的方式与制度，这些制度可以用在小国，也可以用在大国。（1）代议政治，起源很早，但史家指一二九五年为正式起始。（2）成文宪，最早的一二一五年的大宪章，近代的是美国宪法（1789）。（3）无记名投票（政府预备选举票，票上印各党候选人的姓名，选民秘密填记）是一八五六年 South Arsthlia 最早采用的。

自由主义在这两百年的演进史上，还有一个特殊的，空前的政治意义，就是容忍反对党，保障少数人的自由权利。向来政治斗争不是东风压了西风，就是西风压了东风，被压的人是没有好日子过的，但近代西方的民主政治却渐渐养成了一种容忍异己的度量与风气。因为政权是多数人民授予的，在朝执政权的党一旦失去了多数人民的支持，就成了在野党了，所以执政权的人都得准备下台时坐冷板凳的生活，而个个少数党都有逐渐变成多数党的可能。甚至于极少数人的信仰与主张，“好像一粒芥子，在各种种子里是顶小的，等到他生长起来，却比各种菜蔬都大，竟成了小树，空中的飞鸟可以来停在他的枝上。”（《新约·马太福音十四章》，圣地的芥菜可以高到十英尺。）人们能这样想，就不能不存容忍别人的态度了，就不能不尊重少数人的基本自由了。

在近代民主国家里，容忍反对党，保障少数人的权利，久已成了当然的政治作风，这是近代自由主义里最可爱慕而又最基本的一个方面。我做驻美大使的时期，有一天我到费城去看我的一个史学老师白尔教授，他平生最注意人类争自由的历史，这时候他已八十岁了。他对我说：“我年纪越大，越觉得容忍比自由还更重要。”这句话我至今不忘记。为什么容忍比自由还更要紧呢？因为容忍就是自由的根源，没有容忍，就没有自由可说了。至少在现代，自由的保障全靠一种互相容忍的精神，无论是东风压了西风，是西风压了东风，都是不容忍，都是摧残自由。多数人若不能容忍少数人的思想信仰，少数人当然不会有思想信仰的自由，反过来说，少数人也得容忍多数人的思想信仰，因为少数人要时常怀着“有朝一日权在手，杀尽异教方罢休”的心理，多数人也就不能不行“斩草除根”的算计了。

最后我要指出，现代的自由主义，还含有“和平改革”的意思。

和平改革有两个意义，第一就是和平的转移政权，第二就是用立法的方法，一步一步的做具体改革，一点一滴的求进步。容忍反对党，尊重少数人权利，正是和平的政治社会改革的惟一基础。反对党的对立，第一是为政府树立最严格的批评监督机关，第二是使人民可以有选择的机会，使国家可以用法定的和平方式来转移政权，严格的批评监督，和平的改换政权，都是现代民主国家做到和平革新的大路。近代最重大的政治变迁，莫过于英国工党的执掌政权，英国工党在五十多年前，只能选择出十几个议员，三十年后，工党两次执政，但还站不长久，到了战争胜利之年（1945），工党得到了绝对多数的选举票，故这次工党的政权，是巩固的，在五年之内，谁都不能推翻他们，他们可以放手改革英国的工商业，可以放手改革英国的经济制度，这样重大的变化，——从资本主义的英国变到社会主义的英国，——不用流一滴血，不用武装革命，只靠一张无记名的选举票，这种和平的革命基础，只是那容忍反对党的雅量，只是那保障少数人自由权利的政治制度，顶顶小的芥子不曾受摧残，在五十年后居然变成大树了。自由主义在历史上有解除束缚的作用，故有时不能避免流血的革命，但自由主义的运动，在最近百年中最大成绩，例如英国自从一八三二年以来的政治革新，直到今日的工党政府，都是不流血的和平革新，所以在许多人的心目中自由主义竟成了"和平改革主义"的别名，有些人反对自由主义，说它是"不革命主义"，也正是如此。我们承认现代的自由主义正应该有"和平改革"的含义，因为在民主政治已上了轨道的国家里，自由与容忍铺下了和平改革的大路，自由主义者也就不觉得有暴力革命的必要了。

这最后一点，有许多没有忍耐心的年青人也许听了不满意，他们要"彻底改革"，不要那一点一滴的立法，他们要暴力革命，不要和平演讲。我要很诚恳的指出，近代一百六七十年的历史，很清楚的指示我们，凡主张彻底改革的人，在政治上没有一个不走上绝对专制的路，这是很自然的，只有绝对的专制政权可以铲除一切反对党，消灭一切阻力，也只有绝对的专制政治可以不择手段，不惜代价，用最残酷的方法做到他们认为根本改革的目的。他们不承认他们的见解会有错误，他们也不能承认反对的人会有值得考虑的理由，所以他们绝对不能容忍异己，也绝对不能容许自由的思想与言论。所以我很坦白地说，自由主义为了尊重自由与容忍，当然反对暴力革命，与暴力革命必然引起来的暴力专制政治。

总结起来，自由主义的第一个意义是自由，第二个意义是民主，第三个意义是容忍——容忍反对党，第四个意义是和平的渐进的改革。

中国文化里的自由传统[①]

各位朋友，同乡朋友：

今天我看见这么多朋友来听我说话，觉得非常感动。无论什么人，见到这样多人的欢迎，都一定会非常感动的。我应该向诸位抱歉，我本来早一个月来，因为有点小病，到今天才能来；并且很抱歉这次不能去台南、台东看看五十年前我住过的地方，只有希望等下次来时再去。今天因为黄先生、游先生要我事先确定一个讲题：《中国文化里的自由传统》。这个题目也可改作《中国文化传统的自由主义》。

“自由”这个意义，这个理想，“自由”这个名词，并不是外面来的，不是洋货，是中国古代就有的。

---

① 本文为1949年3月27日在台北中山堂的演讲，原载1949年3月28日台湾《新生报》。

“自由”可说是一个倒转语法，可把它倒转回来为“由自”，就是“由于自己”，就是“由自己作主”，不受外来压迫的意思。宋朝王安石有首白话诗：

风吹屋顶瓦，正打破我头。
我终不恨瓦，此瓦不自由。①

这可表示古代人对于自由的意义，就是“自己作主”的意思。

二千多年有记载的历史，与三千多年所记载的历史，对于自由这种权力，自由这种意义，也可以说明中国人对于自由的崇拜，与这种意义的推动。世界的自由主义运动也是爱自由，争取自由，崇拜自由。世界的历史中，对这一运动的努力与贡献，有早有晚，有多有少，但对此运动都有所贡献。中国对于言论自由、宗教自由、批评政府的自由，在历史上都有记载。

中国从古代以来都有信仰、思想、宗教等自由，但是坐监牢而牺牲生命以争取这些自由的人，也不知有多多少少。在中国古代有一种很奇怪的制度，就是监官制度，相当于现在的监察院。这种监官制度，成立在中国政治思想、哲学思

① 王安石的原诗是：风吹瓦堕屋，正打破我头。瓦亦自破碎，岂但我血流。我终不嗔渠，此瓦不自由。

想之前。这种监官为的是要监督政府、批评政府，都是冒了很大的危险，甚至坐监、牺牲生命。古时还有人借宗教来批评君王。在《孝经》中就有一章《谏诤章》，要人为“争臣”、“争子”。《孝经》本是教人以服从孝顺，但是君王、父亲有错时，做臣子的不得不力争。古代这种谏官制度，可以说是自由主义的一种传统，就是批评政治的自由。此外，在中国古代还有一种史官，就是记载君王的行动，记载君王所行所为以留给千千万万年后的人知道。古代齐国有一个史官，为了记载事实，写下“崔杼弑其君”，连父母均被君主所杀。但到了晋国，事实真相依然为史官写出，留传后世。所以古代的史官，正如现在的记者，批评政治，使为政者有所畏惧，这却充分表示言论的自由。

以上所说的一种谏官御史，与史官制度，都可以说明在中国政治思想与哲学思想尚未成立时，就非常尊重批评自由与思想自由。

中国思想的先锋老子与孔子，也可以说是自由主义者。老子说：“民不畏死，奈何以死惧之?”孔子说：“三军可夺帅也，匹夫不可夺志也。”老子所代表的“无为政治”，有人说这就是无政府主义，反对政府干涉人民，让人民自然发展，这与孔子所代表的思想都是自由主义者。孔子所说的中庸之道，实在是一个中间偏左的态度，这可从孔子批评当时为政的人的态度而知道。孔子当时提出：“有教无类”，可解释为

“有了教育就没有阶级，没有界限”。这与后来的科举制度，都能说明“教育的平等”。这种意见，都可以说是一种自由主义者的思想。

孟子说：“民为贵，君为轻。”在二三千年前，这种思想能被提出，实在是一个重要的自由主义者的传统。孟子说：“富贵不能淫，贫贱不能移，威武不能屈。”这是孟子给读书人一种宝贵的自由主义的精神。

在春秋时代，因为国家多，“自由”的思想与精神比较发达。秦朝统一以后，思想一尊。因为自由受到限制，追求自由的人，处于这“无所逃于天地之间”的环境中，要想自由实在困难，而依然有人在万难中不断追求。在东汉时，王充著过一部《论衡》，共八十篇，主要的用意可以一句说明：“疾虚妄”。全书都以说老实话的态度对当时儒教、“灾异”、迷信，予以严格的批评，对孔子与孟子都有所批评，可说是从帝国时代中开辟了自由批评的传统。再举一个例：在东汉到南北朝佛教极盛的时候，其中的一位君王梁武帝也迷信佛教。当时有个范缜，他著述几篇重要文章，其中一篇《神灭论》，就是驳斥当时盛行的灵魂不灭，认为“身体”与“灵魂”，有如“刀”之与“利”，假如刀不存在，则无所谓利不利。当时君王命七十位大学士反驳，君王自己也有反驳，他都不屈服，可说是一种思想自由的一个表现。再如唐朝的韩愈，为反抗当时疯狂的迷信，写了一篇《谏迎佛骨表》，痛骂当时举国为佛骨而疯狂的事，而被充军到东南边区。后又作《原道》，依然是反对佛教。在当时佛教如此极盛，他依然敢反对，这正是自由主义的精神。再以后如王阳明的批评朱熹、批评政治，而受到很多苦痛。清朝有“颜李学派”，反对当时皇帝提倡的“朱子学派”，都可以说明在一种极不自由的时代而争取思想自由的例子。

在中国这二千多年的政治思想史、哲学思想史、宗教思想史中，都可以说明中国自由思想的传统。

今天已经到了一个危险的时代，已经到了“自由”与“不自由”的斗争，“容忍”与“不容忍”的斗争，今天我就中国三千多年的历史，我们老祖宗为了争政治自由、思想自由、宗教自由、批评自由的传统，介绍给诸位，今后我们该如何的为这自由传统而努力。现在竟还有人说风凉话，说“自由是有产阶级的奢侈品，人民并不需要自由”。假如有一天我们都失去了自由，到那时候，每个人才真正会觉到自由不是奢侈品，而是必需品。

新闻独立与言论自由[①]

主席，各位同仁：

刚才程沧波先生说我也算是一个编辑人，我的确是编过好几个报，只是没有编过日报。有一个时候，我几乎做了程沧波先生的前任。上海有个大报，要我去做编辑人，那时我考虑结果，我不敢做，因为日报的工作太苦，我的生活不规则，担任不了。除日报以外，我曾编过三个周报，编过两个月报，周报最早的是《每周评论》，但最初并不是我编起来的，而是陈独秀这班朋友编的。不过在民国八年陈独秀先生被拘捕，那时没有人负责，就由我接办了几期，直到被北京警察厅封掉为止。以后又办《努力周报》，办了七十五期，

① 1952年12月1日在台北编辑人协会欢迎会上的讲话。

有一年半，到曹锟贿选时期，我们自己宣告停止。以后的《独立评论》是三个人负责，大部分是我编的，编了五年，出了二百五十期。因为有这个资格，所以我在美国做外交官的时候，美国有个新闻记者名誉协会，叫我“正在工作中的新闻记者”，并送我一个金质钥匙，因为我正在做外交官。假如我知道今天会有这样一个盛会，一定会把那个金质钥匙带来给大家看看，因为有这个资格，所以刚才我敢称大家为同仁。

在参加今天这个盛会以前，我绝没有想到大家要请我来说话，以为只是请我来吃饭的。到了门口才看到是讲演会，所以今天我一点没有准备，在餐桌上就请程沧波先生和曾虚白先生给我题目，他们都很客气，可是刚才主席说的话等于给了我一个范围。可是这个题目太大了，言论自由的确是个大题目。

前天在《自由中国》杂志三周年纪念的茶会上我也稍微说了几句，我说言论自由同一切自由一样，都是要各人自己去争取的。言论自由并不因为法律上有规定，或者宪法上有这一条文，就可以得来，就是有规定也是没有用的。言论自由都是自己争取来的。我为什么这样说呢？这几天与朋友们也讲过，无论世界任何国家，就是最自由、最民主的国家，当政的人以为他是替国家做事，替人民做事，他们总是讨厌人家批评的。美国当然是很尊重自由的，绝对没有限制言论自由，但是诸位还记得吧，前两年在华盛顿，有一个《华盛顿邮报》的戏剧音乐批评家，批评总统的小姐唱歌唱的不好，杜鲁门先生就生气了。第二天自己写了一封信送给这个音乐评论专栏记者，连他的秘书也不知道，骂他，并且说，你要再这样批评，我就要打你。这件事也曾轰传一时，成为笑谈。故事开始时，我们明白，杜鲁门总统对于人家批评他的政治，已经养成容忍的习惯，不能发脾气。批评他的行为，批评他的政策，批评他的政治，他尽管不高兴，但是没有法子干涉。不过到了人家批评他小姐的唱歌好不好时，他觉得做爸爸的忍不住了，就出出气，用粗鄙的语句说要打人家。可是他的信写出以后，社会上得到很不好的反应，我可以相信，杜鲁门先生绝不会写第二次这样的信。因为他的小姐唱歌好不好，别人有批评的自由，可是他写信时并没有想到戏剧歌曲家批评唱歌好不好，这也是言论自由。而且言论自由是社会的风气，大家觉得发表言论，批评政府是当然的事，久而久之，政府当局也会养成习惯，所以言论自由是要争取的。要把自由看作空气一样的不可少。不但可以批评政治，不但有批评政策的自由，还可以批评人民的代表，批评国会，批评法院，甚至于批评总统小姐唱歌唱的好不好，这都是言论自由。人人去做，人人去行，这样就把风气养成了。所以我说言论自由是大家去争取来的。这样好像是不负责任的答复，但是我想不出比这更圆满的答案。

在自由企业发达的国家，尤其像美国，他们的报纸是不靠政府津贴的。所用的纸，都是在公开市场上买的。他的收入完全靠广告。因为在自由企业发达的国家，商业竞争剧烈，无论有了哪一样新的产品，大家互相竞争，所以花在广告上的钱往往不下于制造的费用。这是报纸经费最大的来源。杂志也是这样，这些条件我们都缺乏。在美国就没有一个报纸可以说是国家的。政府绝不办报纸。有党籍的人办报也不是以党的资格来办。譬如有许多报纸，在选举期间，在候选人出来之前就有一种表示，有些表示的早，有些较晚，当初共和党人的报纸占大多数，然而二十年来共和党并不能当政。共和党人都是有钱的大资产阶级；民主党向来是代表农民、小资产阶级、知识阶级的党。照党的背景看来，报纸老板共和党的人特别多，应该是共和党永远当政。但是社会并不因为共和党报纸多而影响选举。英国也是一样，有一个时期，工党只有一个报，销路很小，叫做《H. R. 报》，后来销路增加，那时自由党有无数报社，然而工党已经当政了两次。这就说明这些国家没有一个报算是政府的，他们是独立的，能够自立的。这与我们有很大的区别。像我们现在的困难状况之下，纸的来源要政府配给，一部分材料也得要政府帮忙，至于广告，在我们工业不发达的国家等于没有。所以广告的收入不算重要。尤其在这个困难时期，主要的报纸都是政府报，或是党的报纸，因为是政府的报、党的报，言论自由当然就比较有限制，我个人的看法，感觉到胜利之后，政府把上海几个私家报纸都收归政府办、党办，至少党或政府的股东占多数，这个政策我想是不对的。应该多容许私营的报纸存在，而且应该扶助，鼓励私家报纸，让他发展，这也是养成言论自由的一个方向。政府要靠政策行为博取舆论的支援，而不靠控制来获取人民的支持。我觉得这是言论自由里面一个重要问题，值得大家考虑的。

关于材料，包括纸、原料的配给，在现在艰难的时期，我觉得应该养成一种习惯，由编辑人协会，报业公会、外勤记者联谊会等团体，参加支配报纸。因为言论自由不应该受这种不能避免的物资的影响，这是值得讨论的，不过要想在这困难时候做到完全自由独立，确是很难。

回想我们办《独立评论》时，真是独立。那时销路很广，销到一万三千份。我们是十二个朋友组织一个小团体，预备办报，在几个月之前，开始捐款，按各人的固定收入百分之五捐款，这是指固定收入而言，临时的收入不计算，几个月收了四千多元，就拿来办报。我们工作的人不拿一个津贴，也没有一个广告，因为那时广告要找国家银行或国营机关去要，那么就等于接受了政府的津贴，等于贿赂，所以五年之中，我们除了登书刊的广告之外，没有收入。我们发表的文章有四千篇，没有出一个稿费，因为那时我们这般人确是以公平的态度为国家说话，为人民说话，所以我们即使不给稿费，人家也把最好的稿子送来。最初我们的稿件百分之九十是自己写的，后来外稿逐渐增加，变成自己的稿只有百分之四十五，外稿占百分之五十五，甚至有许多好的文章先送到我们这里来，如果我们不登，再转投其他有稿费的刊物去发表。在民国三十五年回国的时候，许多朋友说："胡先生，我们再来办个《独立评论》"，但是那时排字工人的工资比稿费还要高，我拿不出这些费用，非政府帮忙不可，而且人人都要稿费，我也拿不起，若是我办杂志而要求人的话，我就不办了。这并不是责备任何人，而是事实。这就表示在自由企业不发达的国家，又在这种局面之下，当然有许多方面不容易有完全独立或完全自由的言论。不过无论如何，自由的风气总应该养成。就是政府应该尊重舆论，我说这话是一个事实，大家应该谅解。我觉得，不要以为自己党来办报，政府来办报，就可以得到舆论的支持，没有这回事的。这种地方，应该开放，越开放越可以养成新闻独立，越可以养成言论自由，而政府也就可以得到舆论的支援。至于支配纸张材料的机关，应该由有关的团体参加，政府不要以配给政策影响言论的自由。

有人说只有胡适之有言论自由，这话不是这样说的。从前我们办《努力周报》，正在北洋军阀时代；办《每周评论》是民国八年，也是军阀时代；办《新月杂志》是国民革命后的头两年，后来办《独立评论》，完全是国民党当政时候，是在九一八事件发生以后的几个月，我们受了“九一八”的刺激才办的，一直办了五年，到民国二十六年七月二十五日出最后的一期，二十八日北平就丢了。在这个时期，人家就曾说过胡适之才有言论自由，其实不然。我承办的头一个报就是被北平警察厅关闭的。第二个在曹锟贿选时代，当时的局面使我们不能说话，所以就自己将它取消了。后来的《新月杂志》也曾有一次被政府没收，《独立评论》也曾被停止邮寄，经过我打电报抗议以后才恢复的。当宋哲元在北方的时候，那时是一九三六年（民国二十五年），我新从国外归来，一到上海就看见报纸上说“北平的冀察政务委员会把《独立评论》封了”。这是因为我十二月一日到了上海，所以就给我一个下马威。那时我也抗议，结果三个月后又恢复出版，所以我并没有完全失掉言论自由。为什么那时我们的报还有一点言论自由呢？因为我们天天在那里闹的。假使说胡适之在二十年当中比较有言论自由，并没有秘诀，还是我自己去争取得来的。

争取言论自由我们最重要的是要得到政府的谅解，得到各地方政府的谅解。政府当然不愿意你批评，但要得到政府谅解，必须平时不发不负责的言论。比方中日问题，我们的确对于政府有一百分的谅解，在报上不说煽动的话，即使有意见或有建议，只见之于私人的通信，而不公开发表。在那时，我们曾提出一个平实的态度，就是公正而实际，说老实话，说公平话，不发不负责的高论，是善意的。久而久之，可以使政府养成容忍批评的态度。

人家说，自由中国言论自由不多，不过我看到几个杂志是比较有言论自由的，譬如杜衡之先生办的《明天》杂志，臧启芳先生办的《反攻》杂志，我觉得他们常有严厉的批评，《反攻》上文章对于读经，有赞成的，有反对的，这个也是言论自由。我还看见几个与党有关系的杂志，对于读经问题，批评的也很严厉。《明天》杂志对于政治的批评也颇有自由，这都是好的现象。只要大家能平实，以善意的态度来批评，是可以争取言论自由的。况且我想政府也需要大家的帮助，只要大家都说公平的话，负责任的话。今天我因为没有准备，讲的很草率，请大家原谅。

治学方法[①]

第一讲　引言

钱校长、各位先生、各位同学：

今天我感觉到很困难，因为当初我接受钱校长与刘院长的电报到台大和师院作学生讲演，我想总是在小屋子里面，只有二三十人，顶多一百人，可以有问有答；在小规模的讲堂里面，还可以有黑板写写字，这样子才可以作一种学术讲演。今天来到这么一个广场里面作学术讲演，的确是生平第一次，一定有许多话给先生们听了觉得太浅，同学们又觉得

① 载1952年12月在台湾大学的演讲；分三讲，分别初载于1952年12月2、6、7日台北《中央日报》。

没有黑板写下来，不容易知道。我的南腔北调的官话依然咬不清楚，一定使大家很失望，所以先要道歉！

当时我收到钱校长与刘院长的电报，我想了几天，我以为他们两位另外有一封详细的信告诉我：是两个学校分开还是合起来讲？是小讲堂还是大讲堂？当时的确没有想到在广场讲演。等了两个星期，他们没有信来，我自动打电报给他们两位；我提出两个题目：在台大讲“治学办法”，在师院讲“杜威哲学”。

杜威先生是我的老师，活了九十多岁，今年才过世。我们一般学生觉得，在“自由中国”应该有一个机会纪念他，所以杜威哲学这个题目，是当作一个纪念性。

今天讲治学的方法，其实也是带纪念性的。我感觉到台大的故校长——傅斯年先生，他是一个最能干、最能领导一个学校、最能够办事的人。他办过中央研究院，历史语言研究所。他也在我之先代理过北大校长一年；不是经过那一年，我简直没有办法。后来做台大校长，替台大定下很好的基础。他这个人，不但是国家的一个人才，也是世界上很少见的一个多方面的天才，他的记忆力之强更是少有的。普通记忆力强的人往往不能思想；傅先生记忆力强，而且思考力非常敏锐，这种兼有记忆力和思考力的人，是世界上少见的。同时，能够做学问的人不见得能够办事，像我这样子，有时候可以在学问上做一点工作，但是碰到办事就很不行。钱校长说我当北大校长，还可以做研究的工作，不是别的，只因为我不会办事。我做校长，完全是无为而治；一切事都请院长、教务长、训导长去办，我从来不过问学校的事；自己关起门来做学问。傅先生能够做学问而又富有伟大的办事能力；像这种治学方法同办事能力合在一块，更是世界上少见的。因为傅先生同我是多年的同事，多年的朋友；同时在做学问这一条路上，我们又是多年的同志。所以我今天在台大来讲治学方法，也可以说是纪念这个伟大而可惜过去得太早的朋友。

我到台大来讲治学方法，的确是很胆怯；因为我在国内教育界服务几十年，我可以告诉台大的同学们：现在台大文史的部门，就是从前在大陆没有“沦陷”的时候也没有看见过有这样集中的人才；在历史、语言、考古方面，傅先生把历史语言研究所的人才都带到这里来，同台大原有的人才，和这几年来陆续从大陆来的人才连在一块，可以说是中国几十年来办大学空前的文史学风。我很希望，不但在文学院历史学系、语言学系、考古学系的同学们要了解台大文史人才的集中是大陆“沦陷”以前从来没有过的情形，更希望台大各院各系的同学都能够明了，都能够宝贵这个机会，不要错过这个机会。就是学医、学农、学工、学法律、学社会科学的，都可以利用这个机会来打听这许多文史方面领袖的人才是怎样讲学，怎样研究，怎样在学问方面做工作。我不是借这个机会替台大做义务广告，我实在觉得这样的机会是很可宝贵的，所以希望诸位能够同我一样了解台大现在在文史方面的领导地位。

我看到讲台前有很多文史方面的老朋友们，我真是胆怯，因为我不是讲天文学、地质学、物理、化学，是在文史方面讲治学方法。在诸位先生面前讲这个题目真是班门弄斧了。

我预备讲三次：第一次讲治学方法的引论，第二次讲方法的自觉，第三次讲方法与材料的关系。

今天我想随便谈谈治学的方法。我个人的看法，无论什么科学——天文、地质、物理、化学等等——分析起来，都只有一个治学方法，就是做研究的方法。什么是做研究呢？就是说，凡是要去研究一个问题，都是因为有困难问题发生，要等我们去解决它；所以做研究的时候，不是悬空的研究。所有的学问，研究的动机和目标是一样的。研究的动机，总是因为发生困难，有一个问题，从前没有看到，现在看到了；从前觉得没有解决的必要，现在觉得有解决的必要的。凡是做学问，做研究，真正的动机都是求某种问题某种困难的解决；所以动机是困难，而目的是解决困难。这并不是我一个人的说法，凡是有做学问做研究经验的人，都承认这个说法。真正说起来，做学问就是研究；研究就是求得问题的解决。所有的学问，做研究的动机是一样的，目标是一样的，所以方法也是一样的。不但是现在如此；我们研究西方的科学思想，科学发展的历史，再看看中国二千五百年来凡是合于科学方法的种种思想家的历史，知道古今中外凡是在做学问做研究上有成绩的人，他的方法都是一样的。古今中外治学的方法是一样的。为什么是一样呢？就是因为做学问做研究的动机和目标是一样的。从一个动机到一个目标，从发现困难到解决困难，当中有一个过程，就是所谓方法。从发现困难那一天起，到解决困难为止，当中这一个过程，可能很长，也可能很短。有的时候要几十年，几百年才能解决一个问题；有时候只要一个钟头就可以解决一个问题。这个过程就是方法。

刚才我说方法是一样的，方法是甚么呢？我曾经有很多时候，想用文字把方法做成一个公式、一个口号、一个标语，把方法扼要地说出来；但是从来没有一个满意的表现方式。现在我想起我二三十年来关于方法的文章里面，有两句话也许可以算是讲治学方法的一种很简单扼要的话。

那句话就是："大胆的假设，小心的求证。"要大胆的提出假设，但这种假设还得想法子证明。所以小心的求证，要想法子证实假设或者否定假设，比大胆的假设还更重要。这十个字是我二三十年来见之于文字，常常在嘴里向青年朋友们说的。有的时候在我自己的班上，我总希望我的学生们能够了解。今天讲治学方法引论，可以说就是要说明什么叫做假设；什么叫做大胆的假设；怎么样证明或者否证假设。

刚才我说过，治学的方法，做研究的方法，都是基于一个困难。无论是化学、地质学、生物学、社会科学上的一个问题，都是一个困难。当困难出来的时候，本于个人的知识、学问，就不知不觉地提出假设，假定有某几种可以解决的方案。比方诸位在台湾这几年看见杂志上有讨论《红楼梦》的文章，就是所谓红学。到底《红楼梦》有什么可以研究呢？《红楼梦》发生了什么问题呢？普通人看《红楼梦》里面的人物，都是不发生问题的，但是有某些读者却感觉到《红楼梦》发生了问题：《红楼梦》究竟是什么意思？当时写贾宝玉、林黛玉这些人的故事有没有背景？有没有“微言大义”在里面？写了一部七八十万字的书来讲贾家的故事，讲一个纨绔子弟贾宝玉同许多漂亮的丫头、漂亮的姊妹亲戚们的事情，有什么意义没有？这是一个问题。怎么样解决这个问题呢？当然你有一个假设，他也有一个假设。

在二三十年前，我写《红楼梦考证》的时候，有许多关于《红楼梦》引起的问题的假设的解决方案。有一种是说《红楼梦》含有种族思想，书中的人物都是影射当时满洲的官员，林黛玉是暗指康熙时候历史上一个有名的男人；薛宝钗、王凤姐和那些丫头们都是暗指历史上的人物。还有一种假设说贾宝玉是指一个满洲宰相明珠的儿子叫做纳兰性德——他是一个了不起的天才很高的文学家——那些丫头、姐妹、亲戚们都是代表宰相明珠家里的一班文人清客；把书中漂亮的小姐们如林黛玉、薛宝钗、王凤姐、史湘云等人都改装过来化女为男。我认为这是很不可能，也不需要化装变性的说法。

后来我也提出一个假设。我的假设是很平常的。《红楼梦》这本书，从头一回起，作者就说这是我的自传，是我亲自所看见的事体。我的假设就是说，《红楼梦》是作者的自传，是写他亲自看见的家庭。贾宝玉就是曹雪芹；《红楼梦》就是写曹家的历史。曹雪芹是什么人呢？他的父亲叫曹頫，他的祖父叫做曹寅；一家三代四个人做江宁织造，做了差不多五十年。所谓宁国府、荣国府，不是别的，就是指他们祖父、父亲、两个儿子，三代四个人把持五十多年的江宁织造的故事。书中说到，“皇帝南巡的时候，我们家里接驾四次。”如果在普通人家，招待皇帝四次是可能倾家荡产的；这些事在当时是值得一吹的。所以曹雪芹虽然将真事隐去，仍然舍不得要吹一吹。曹雪芹后来倾家荡产做了文乞，成了叫化子的时候，还是读书喝酒，跟书中的贾宝玉一样。这是一个假设；我举出来作一个例子。

要解决“《红楼梦》有什么用意”这个问题，当然就有许多假设。提出问题求解决，是很好的事情；但要先看这些假设是否能够得到证明。凡是解决一个困难的时候，一定要有证明。我们看这些假设，有的说这本书是骂满洲人的；是满洲人统治中国的时候，汉人含有民族隐痛，写出来骂满洲人的。有的说是写当时的一个大户人家，宰相明珠家中天才儿子纳兰性德的事。有的说是写康熙一朝的政治人物。而我的假设呢？我认为这部书不是谈民族的仇恨，也不是讲康熙时候的事。都不是的！从事实上照极平常的做学问的方法，我提出一个很平常的假设，就是《红楼梦》这本书的作者在开头时说的，他是在说老实话，把他所看见的可爱的女孩子们描写出来；所以书中描写的人物可以把个性充分表现出来。方才所说的“大胆的假设”，就是这种假设。我恐怕我所提出的假设只够得上小胆的假设罢了！

凡是做学问，不特是文史方面的，都应当这样。譬如在化学实验室做定性分析，先是给你一盒东西，对于这盒东西你先要做几个假设，假设某种颜色的东西是什么，然后再到火上烧烧，看看试验管发生了什么变化：这都是问题。这与《红楼梦》的解释一样的有问题；做学问的方法是一样的。我们的经验，我们的学问，是给我们一点知识以供我们提出各种假设的。所以“大胆的假设”就是人人可以提出的假设。因为人人的学问，人人的知识不同，我们当然要容许他们提出各种各样的假设。一切知识，一切学问是干什么用的呢？为什么你们在学校的这几年中有许多必修与选修的学科？都是给你们用；就是使你在某种问题发生的时候，脑背后就这边涌上一个假设，那边涌上一个假设。做学问，上课，一切求知识的事情，一切经验——从小到现在的经验，所有学校里的功课与课外的学问，为的都是供给你种种假设的来源，使你在问题发生时有假设的材料。如果遇上一个问题，手足无措，那就是学问、知识、经验，不能应用，所以看到一个问题发生，就没有法子解决。这就是学问知识里面不能够供给你一些活的材料，以为你做解决问题的假设之用。

单是假设是不够的，因为假设可以有许多。譬如《红楼梦》这一部小说，就引起了这么多假设。所以第二步就是我所谓“小心的求证”。在真正求证之先，假设一定要仔细选择选择。这许多假设，就是假定的解决方法，看哪一个假定的解决方法是比较近情理一点，比较可以帮助我们解决那个开始发生的那个困难问题。譬如《红楼梦》是讲的什么？有什么意思没有？有这么多的假定的解释来了，在挑选的时候先要看哪一个假定的解释比较能帮助你解决问题，然后说：对于这一个问题，我认为我的假设是比较那个满意解决的。譬如我的关于《红楼梦》的假设，曹雪芹写的是曹家的传记，是曹雪芹所看见的事实。贾母就是曹母，贾母以下的丫头们也都是他所看见的真实人物。当然名字是改了，姓也改了。但是我提出这一个假设，就是说《红楼梦》是曹雪芹的自传，最要紧的是要求证。我能够证实它，我的假设才站得住；不能证实，它就站不住。求证就是要看你自己所提出的事实是不是可以帮助你解决那个问题。要知道《红楼梦》讲什么，就要做《红楼梦》的考证。现在我可以跟诸位做一个坦白的自白。我做《红楼梦考证》那三十年中，曾经写了十几篇关于小说的考证，如《水浒传》《儒林外史》《三国演义》《西游记》《老残游记》《三侠五义》等书的考证。而我费了最大力量的，是一部讲怕老婆的故事的书，叫做《醒世姻缘》，约有一百万字。我整整花了五年的工夫，做了五万字的考证。也许有人要问，胡适这个人是不是发了疯呢？天下可做学问很多，而且是学农的，为什么不做一点物理、化学有关科学方面的学问呢？为什么花多少年的工夫来考证《红楼梦》《醒世姻缘》呢？我现在做一个坦白的自白，就是：我想用一种偷关漏税的方法来提倡一种科学的治学方法。我所有的小说考证，都是用人人知道的材料，用偷关漏税的方法，来讲做学问的方法的。譬如讲《红楼梦》，至少我对于研究《红楼梦》问题，我对它的态度的谨严，自己批评的严格，方法的自觉，同我考据《水经注》是一样的。我对于小说材料，看做同化学问题的药品材料一样，都是材料。我拿《水浒传》《醒世姻缘》《水经注》等书做学问的材料。拿一种人人都知道的材料用偷关漏税的方法，要人家不自觉的养成一种“大胆的假设，小心的求证”的方法。

假设是人人可以提的。譬如有人提出骇人听闻的假设也无妨。假设是愈大胆愈好。但是提出一个假设，要想法子证实它。因此我们有了大胆假设以后，还不要忘了小心的求证。比如我考证《红楼梦》的时候，我得到许多朋友的帮助，我找到许多材料。我已经印出的本子，是已经改了多少次的本子。我先要考出曹雪芹于《红楼梦》以外有没有其他著作？他的朋友和同他同时代的人有没有什么关于他的著作？他的父亲、叔父们有没有什么关于他的记载？关于他一家四代五个人，尤其是关于他的祖父曹寅，有多少材料可以知道他那时候的地位？家里有多少钱，多么阔？是不是真正能够招待皇帝到四次？我把这些有关的证据都想法找了来，加以详密的分析，结果才得到一个比较认为满意的假设，认定曹雪芹写《红楼梦》，并不是什么微言大义；只是一部平淡无奇的自传——曹家的历史。我得到这一家四代五个人的历史，就可以帮助说明。当然，我的假设并不是说就完全正确；但至少可以在这里证明“小心”求证这个工夫是很重要的。

现在我再举一个例来说明，方才我说的是先是发生问题，然后是解决问题。要真正证明一个东西，才做研究。要假设一个比较最能满意的假设，来解决当初引起的问题。譬如方才说的《红楼梦》，是比较复杂的。但是我认为经过这一番的研究，经过这一番材料的搜集，经过这一番把普通人不知道的材料用有系统的方法来表现出来，叙述出来，我认为我这个假设在许多假设中，比较最能满意的解答“《红楼梦》说的是什么？有什么意思？”

方才我提到一部小说，恐怕是诸位没有看过的，叫做《醒世姻缘》，差不多有一百万字，比《红楼梦》还长，可以说是中国旧小说中最长的。这部书讲一个怕老婆的故事。他讨了一个最可怕的太太。这位太太用种种方法打丈夫的父母朋友。她对于丈夫，甚至于一看见就生气；不但是打，有一次用熨斗里的红炭从她丈夫的官服圆领口倒了进去，几乎把他烧死；有一次用洗衣的棒槌打了他六百下，也几乎把他打死。把这样一个怕老婆的故事述叙了一百万字以上，结果还是没有办法解脱。为什么呢？说这是前世的姻缘。书中一小半，差不多有五分之一是写前世的事。后半部是讲第二世的故事。在前世被虐待的人，是这世的虐待者。婚姻问题是前世的姻缘，没有法子解脱的。想解脱也解脱不了。结果只能念经做好事。在现代摩登时代的眼光看，这是一个很迷信的故事。但是这部书是了不得的。用一种山东淄川的土话描写当时的人物是有一种诙谐的风趣的；描写荒年的情形更是历历如绘。这可以说是世界上一部伟大的小说。我就提倡把这部书用新的标点符号标点出来，同书局商量翻印。写这本书的人是匿名，叫西周生。西周生究竟是什么人呢？于是我做了一个大胆的假设；这个假设可以说是大胆的。（方才说的，我对于《红楼梦》的假设，可以说是小胆的假设。）我认为这部书就是《聊斋志异》的作者蒲松龄写的。我这个假设有什么根据呢？为什么引起我作这种假设呢？这个假设从哪里来的呢？平常的经验、知识、学问，都是给我们假设用的。我的证据是在《聊斋志异》上一篇题名为“江城”的小说。这个故事的内容结构与《醒世姻缘》一样。不过《江城》是一个文言的短篇小说；《醒世姻缘》是白话的长篇的小说。《醒世姻缘》所描写的男主角所以怕老婆，是因为他前世曾经杀过一个仙狐，下一世仙狐就转变为一个女人做他的太太，变得很凶狠可怕。《聊斋志异》里的短篇《江城》所描写，也是因为男主角杀过一个长生鼠，长生鼠也就转世变为女人来做他的太太，以报复前世的冤仇。这两个故事的结构太一样了，又都同时出在山东淄川，所以我就假设西周生就是蒲松龄。我又用语言学的方法，把书里面许多方言找出来。运气很好，正巧那几年国内发现了蒲松龄的几部白话戏曲，尤其是长篇的戏曲，当中有一篇是将《江城》的故事编写成白话戏曲的。我将这部戏曲里的方言找出来，和《醒世姻缘》里面的方言详细比较，有许多特别的字集成为一个字典，最后就证明《醒世姻缘》和《江城》的白话戏曲的作者是同一个小区域里的人。再用别的方法来证明那个时代的荒年；后来从历史的记载里得到了同样的结论。考证完了以后，就有书店来商量印行，并排好了版。我因为想更确实一点，要书局等一等；一等就等了五年。到了五年才印出来。当时傅先生很高兴——因为他是作者的同乡，都是山东人。我举一个例，就是说要大胆的假设，而单只假设还是不够的。后来我有一个在广西桂县的学生来了封信，告诉我说，这个话不但你说，从前已经有人说过了。乾隆时代的鲍廷博，他说留仙（蒲松龄）除了《聊斋志异》以外，还有一部《醒世姻缘》。

因鲍廷博是刻书的，曾刻行《聊斋志异》。他说的话值得注意。我经过几年的间接证明，现在至少有个直接的方法帮助我证明了。

我所以举这些例，把这些小说当成待解决的问题看，目的不过是要拿这样人人都知道的材料，来灌输介绍一种做学问的方法。这个方法的要点，就是方才我说的两句话："大胆的假设，小心的求证。"如果一个有知识、有学问、有经验的人遇到一个问题，当然要提出假设，假定的解决方法。最要紧的是还要经过一番小心的证实，或者否证它。如果你认为证据不充分，就宁肯悬而不决，不去下判断，再去找材料。所以小心的求证很重要。

时间很短促，最后我要引用台大故校长傅先生的一句口号，来结束这次讲演。他这句口号是在民国十七年开办历史语言研究所时的两句名言，就是"上穷碧落下黄泉，动手动脚找东西。"这两句话前一句是白居易《长恨歌》中的一句，后一句是傅先生加上的。今天傅校长已经去世，可是今天在座的教授李济之先生却还大为宣传这个口号，可见的确是我们治学的人应该注意的。假设人人能提，最要紧的是能小心的求证；为了要小心的求证，就必须："上穷碧落下黄泉，动手动脚找东西。"今天讲的很浅近，尤其是在座有许多位文史系平常我最佩服的教授，还请他们多多指教。

第二讲　方法的自觉

钱校长、各位先生、各位同学：

上次我在台大讲治学方法的引论，意思说我们须把科学方法——尤其是科学实验室的态度——应用到文史和社会科学方面。治学没有什么秘诀，有的话，就是："思想和研究都得要注重证据。"所以我上次提出"大胆的假设，小心的求证"两句话作为治学的方法。后来钱校长对我说：学理、工、农、医的人应该注重在上一句话"大胆的假设"，因为他们都已比较的养成了一种小心求证的态度和习惯了；至于学文史科学和社会科学的人，应该特别注重下一句话"小心的求证"，因为他们没有养成求证的习惯。钱校长以为这两句话应该有一种轻重的区别：这个意思，我大体赞成。

今天我们讲治学方法第二讲：方法的自觉。单说方法是不够的；文史科学和社会科学的错误，往往由于方法的不自觉。方法的自觉，就是方法的批评；自己批评自己，自己检讨自己，发现自己的错误，纠正自己的错误。做科学实验室工作的人，比较没有危险，因为他随时随地都有实验的结果可以纠正自己的错误。他假设在某种条件之下应该产生某种结果；如果某种条件具备而不产生某种结果，这就是假设的错误。他便毫不犹豫的检讨错误在什么地方，重新修正。所以他可以随时随地的检讨自己、批评自己、修正自己，这就是自觉。

但我对钱校长说的话也有一点修正。做自然科学的人，做应用科学的人，学理、工、农、医的人，虽然养成了科学实验室的态度，但是他们也还是人，并不完全是超人，所以也不免有人类通有的错误。他们穿上实验室的衣服，拿上了试验管、天平、显微镜，做科学实验的时候，的确是很严格的。但是出了实验室，他们穿上了礼拜堂的衣服，就完全换了一个态度；这个时候，他们就不一定能够保持实验室的“大胆的假设，小心的求证”的态度。一个科学家穿上礼拜的衣服，方法放假了，思想也放假了；这是很平常的事。我们以科学史上很有名的英国物理学家洛奇先生（Sir Oliver Lodge）为例。他在物理学上占很多的地位；当他讨论到宗教信仰问题的时候，就完全把科学的一套丢了。大家都知道他很相信鬼。他谈到鬼的时候，就把科学实验室的态度和方法完全搁开。他要同鬼说话、同鬼见面。他的方法不严格了，思想也放假了。

真正能够在实验室里注重小心求证的方法，出了实验室还能够把实验室的态度应用到社会问题、人生问题、道德问题、宗教问题的——这种人很少。今天我特别要引一个人的话作我讲演的材料：这人便是赫胥黎（T. H. Huxley）。他和达尔文二人，常常能够保持实验室的态度，严格的把这个方法与态度应用到人生问题和思想信仰上去。1860 年，赫胥黎最爱的一个儿子死了。他有一个朋友，是英国社会上很有地位的文学家、社会研究家和宗教家，名叫金司莱（Charles Kinsley）。他写了一封信安慰赫胥黎，趁这个机会说："你在最悲痛的时候，应该想想人生的归宿问题吧！应该想想人死了还有灵魂，灵魂是不朽的吧！你总希望你的儿子，不是这么死了就了了。你在最哀痛的时候，应该考虑考虑灵魂不朽的问题呵！"因为金司莱的地位很高，人格是很可敬的，所以赫胥黎也很诚恳地写了一封长信答复他。这信里有几句话，值得我引来作讲方法自觉的材料。他说："灵魂不朽这个说法，我并不否认，也不承认，因为我找不出充分的证据来接受它。我平常在科学室里的时候，我要相信别的学说，总得要有证据。假设你金司莱先生能够给我充分的证据，同样力量的证据，那么，我也可以相信灵魂不朽这个说法。但是，我的年纪越大，越感到人生最神圣的一件举动，就是口里说出和心里觉得'我相信某件事物是真的'。我认为说这一句话是人生最神圣的一件举动，人生最大的报酬和最大的惩罚都跟着这个神圣的举动而来的。"赫胥黎是解剖学大家。他又说："假如我在实验室做解剖、做生理学试验的时候，遇到一个小小的困难，我必须要严格的不信任一切没有充分证据的东西，我的工作才可以成功。我对于解剖学或者生理学上小小的困难尚且如此，那么，我对人生的归宿问题，灵魂不朽问题，难道可以放弃我平常的立场和方法吗?"我在好几篇文章里面常常引到这句话。今天摘出来作为说方法自觉的材料。赫胥黎把嘴里说出，心里觉得“我相信某件事物是真的”这件事，看作人生最神圣的一种举动。无论是在科学上的小困难，或者是人生上的大问题，都得要严格地不信任一切没有充分证据的东西：这就是科学的态度，也就是做学问的基本态度。

在文史方面和社会科学方面的研究，还没有能够做到这样严格。我们以美国今年的大选同四年前的大选来做说明。一九四八年美国大选有许多民意测验研究所，单是波士顿一个地方就有七个民意测验研究所。他们用社会科学家认为最科学的方法来测验民意。他们说：杜鲁门一定失败，杜威一定成功。到了选举的时候，杜鲁门拿到总投票百分之五十点四，获得了胜利。被社会科学家认为最科学、最精密的测验方法，竟告不灵；弄得民意测验研究所的人，大家面红耳赤，简直不敢见人，几乎把方法的基础都毁掉了。许多研究社会科学、自然科学、统计学的朋友说，不要因为失败，就否认方法；这并不是方法错了，是用方法的人不小心，缺乏自觉的批评和自觉的检讨。今天美国大选，所有民意测验机构都不敢预言谁能得胜了；除了我们平时不挂“民意测验”“科学方法”的招牌的人随便谈的时候还敢说“我相信艾森豪会得胜”外，连报纸专栏作家和社论专家都不敢预言，都说今年大选很不容易推测。结果，艾森豪获得了百分之五十五的空前多数。为什么他们的测验含有这样的错误呢？他们是向每一个区域，每一类投票权的人征询意见，把所得到的结果发表出来。比方今年，有百分之四十九的人赞成共和党艾森豪，百分之四十七赞成民主党史蒂文生，还有百分之四没有意见。一九四八年的选举，百分之五十点四便可以胜利——其实百分之五十点一就够了，百分之五十点零零一也可以胜利。所以这百分之四没有表示意见的人，关系很大的。在投票之前，他们不表示意见，当投票的时候，就得表示意见了。到了这个时候，不说百分之一，就是千分之一也可以影响全局。没有计算到这里面的变化，就容易错误了。以社会科学最精密的统计方法，尚且有漏洞，那么，在文史的科学上面，除了考古学用实物做证据以及很严格的历史研究之外，普通没有受过科学洗礼的人，没有严格的自己批评自己的人，便往往把方法看得太不严格，用得太松懈了。

有一个平常我最不喜欢举的例子，今天我要举出来简单的说一说。社会常常笑我，报纸上常常挖苦我的题目，就是《水经注》的案子。为什么我发了疯，花了五年多的工夫去研究《水经注》这个问题呢？我得声明，我不是研究《水经注》本身。我是重审一百多年的《水经注》的案子。我花五年的功夫来审这件案子，因为一百年来，有许多有名的学者，如山西的张穆、湖南的魏源、湖北的杨守敬和作了许多地理学说为现代学者所最佩服的浙江王国维以及江苏的孟森，他们都说我所最佩服的十八世纪享有盛名的考古学者、我的老乡戴震（东原）先生是个贼，都说他的《水经注》的工作是偷了宁波全祖望、杭州赵一清两个人的《水经注》的工作的。说人家做贼，是一件大事，是很严重的一件刑事控诉。假如我的老乡还活着的话，他一定要提出反驳，替自己辩白。但是他是一七七七年死的，到现在已经死了一百七十五年，骨头都烂掉了，没有法子再跑回来替自己辩护。而这一班大学者，用大学者的威权，你提出一些证据，他提出一些证据，一百年来不断的提出证据——其实都不是靠得住的证据——后来积非成是，就把我这位老乡压倒了，还加上很大的罪名，说他做贼，说他偷人家的书来作自己的书。一般读书的人，都被他们的大名吓倒了，都相信他们的“考据”，也就认为戴震偷人的书，已成定论，无可疑了。我在九年前，偶然有一点闲工夫，想到这一位老乡是我平常最佩服的，难道他是贼吗？我就花了六个月的时间，把他们几个人提出的一大堆证据拿来审查，提出了初步的报告。后来觉得这个案子很复杂，材料太多，应该再审查。一审就审了五年多，才把这案子弄明白；才知道这一百多年的许多有名的学者，原来都是糊涂的考证学者。他们太懒，不肯多花时间，只是关起大门考证；随便找几条不是证据的证据，判决一个死人做贼；因此构成了一百多年来一个大大的冤狱！

我写了一篇关于这个案子的文章，登在美国国会图书馆的刊物上。英美法系的证据法，凡是原告或检察官提出来的证据，经过律师的辩论，法官的审判，证据不能成立的时候，就可以宣告报告无罪。照这个标准，我只要把原告提出来的证据驳倒，我的老乡戴震先生就可以宣告无罪了，但是当我拿起笔来要写中文的判决书，就感觉困难。我还得提出证据来证明戴震先生的确没有偷人家的书，没有做贼。到这个时候，我才感到英美法系的证据法的标准，同我们东方国家的标准不同。于是我不但要作考据，还得研究证据法。我请教了好几位法官：中国证据法的原则是什么？他们告诉我：中国证据法的原则只有四个字，就是“自由心证”。这样一来，我证明原告的证据不能成立还不够，还得要做侦探，到处搜集证据；搜了五年，才证明我的老乡的确没有看见全祖望、赵一清的《水经注》。没有机会看见这些书，当然不会偷了这些书，也就没有做贼了。

我花了五年的功夫得着这个结论；我对于这个案件的判决书就写出来了。这虽然不能当做专门学问看，至少也可以作为文史考证的方法。我所以要做这个工作，并不是专替老乡打抱不平，替他做律师、做侦探。我上次说过，我借着小说的考证，来解说治学的方法。同样的，我也是借《水经注》一百多年的糊涂官司，指出考证的方法。如果没有自觉的批评、检讨、修正，那就很危险。根据五年研究《水经注》这件案子的经验，我认为做文史考据的人，不但要时时刻刻批评人家的方法，还要批评自己的方法；不但要调查人家的证据，还要调查自己的证据。五年的审判经验，给了我一个教训。为什么这些有名的考证学者会有这么大的错误呢？为什么他们会冤枉一位死了多年的大学者呢？我的答案就是：这些做文史考据的人，没有自觉的方法。刚才说过，自觉就是自己批评自己，自己检讨自己，自己修正自己。这是最重要的一点。在文史科学、社会科学方面，我们不但要小心的求证，还得要批评证据。自然科学家就不会有这种毛病；因为他们在实验室的方法就是一种自觉的方法。所谓实验，就是用人工照出证据来证明一个学说、理论、思想、假设。比方天然界的水，不能自然地分解成氢气和氧气。化学家在做实验的时候，可以用人工把水分成氢气和氧气各为若干成分。天然界不存在的东西，看不见的形状，科学家在实验室里面用人工使他们产生出来，以证明某种假设，这就是所谓实验。文史科学、社会科学没有法子创造证据。我们的证据全靠前人留下来的；留在什么地方，我们就到什么地方去找，不能说找不到便由自己创造出一个证据来。如果那样，就是伪证，是不合法的。

我们既然不能像自然科学家一样，用实验的方法来创造证据，那么，怎么办呢？除了考古学家还可以从地下发掘证据以外，一般文史考证，只好在这本书里头去发现一条，在那本书里面去发现一条，来作为考证的证据。但是自己发现的证据，往往缺乏自己检讨自己的方法。怎么样才可以养成方法的自觉呢？今天我要提出一个答案；这个答案是我多年以来常常同朋友们谈过，有时候也见诸文字的。中国的考证学，所谓文史方面的考证，是怎么来的呢？我们的文史考证同西方不一样。西方是先有了自然科学，自然科学的方法已经应用了很久，并且已经演进到很严格的地步了，然后才把它应用到人文科学方面；所以他们所用的方法比较好些。我们的考证学已经发达了一千年，至少也有九百年，或者七百年的历史了。从宋朝朱子（殁于西历一千二百年）以来，我们就已经有了所谓穷理、格物、致知的学问，却没有自然科学的方法。人家西方是从自然科学开始；我们是从人文科学开始。我们从朱子考证《尚书》《诗经》等以来，就已经开了考证学的风气；但是他们怎么样得到考据的方法呢？他们所用的考证、考据这些名词，都是法律上的名词。中国的考据学的方法，都是过去读书人做了小官，在判决官司的时候得来的。在唐宋时代，一个中了进士的人，必须先放出去做县尉等小官。他们的任务就是帮助知县审判案子，以训练判案的能力。于是，一般聪明的人，在做了亲民的小官之后，就随时诚诚恳恳地去审判人民的诉讼案件；久而久之，就从判案当中获得了一种考证、考据的经验。考证学就是这样出来的。

我们讲到考证学，讲到方法的自觉，我提议我们应该参考现代国家法庭的证据法（Law of Evidence）。在西方证据法发达的国家，尤其是英美，他们的法庭中，都采用陪审制度，审案的时候，由十二个老百姓组成陪审团，听取两边律师的辩论。在陪审制度下，两边师都要提出证人证物；彼此有权驳斥对方的证人证物。驳来驳去，许多证人证物都因此不能成立，或者减少了作证的力量。同时因为要顾到驳斥的关系，许多假的，不正确的和不相干的证据，都不能提出来了。陪审员听取两边的辩驳之后，开会判断谁有罪，谁无罪。然后法官根据陪审员的判断来定罪。譬如你说某人偷了你的表，你一定要拿出证据来。假如你说因为昨天晚上某人打了他的老婆，所以证明他偷了你的表；这个证明就不能成立。因为打老婆与偷表并没有关系。你要把这个证据提出来打官司，法官就不会让你提出来。就是提出来也没有力量。就算你修辞很好，讲的天花乱坠，也是没用的。因为不相干的证据不算是证据。陪审制度容许两边律师各驳斥对方的证据，所以才有今天这样发达的证据法。

我们的考据学，原来是那些早年做小官的人，从审判诉讼案件的经验中学来的一种证据法。我今天的提议，就是我们作文史考据的人，用考据学的方法，以证据来考订过去的历史的事实，以证据来批判一件事实的有无、是非、真假。我们考证的责任，应该同陪审员或者法官判决一个罪人一样，有同等的严重性。我们要使得方法自觉，就应该运用证据法上允许两边驳斥对方所提证据的方法，来作为我们养成方法自觉的一种训练。如果我们关起门来做考据，判决这个人做贼，那个人是汉奸，是贪官污吏，完全用自己的判断来决定天下古今的是非、真伪、有无；在我们的对面又没有律师来驳斥我们：这样子是不行的。我们要假定有一个律师在那里，他随时要驳斥我们的证据，批评我们的证据是否可靠。要是没有一个律师在我们的面前，我们的方法就不容易自觉，态度也往往不够谨慎，所得的结论也就不够正确了。

所以，我们要养成自觉的习惯，必须树立两个自己审查自己的标准：

第一，我们要问自己：你提出的这个证人可靠吗？他有做证人的资格吗？你提出来的证物可靠吗？这件证物是从哪里来的？这个标准是批评证据。

第二，我们还要问自己：你提出的这个证人或者证物是要证明本案的哪一点？譬如你说这个人偷了你的表，你提的证据却是他昨天晚上打老婆；这是不相干的证据，这不能证明他偷了你的表。像这种证据，须要赶出法庭之外去。

要做到方法的自觉，我觉得唯一的途径，就是自己关起门来做考据的时候，就要如临师保，如临父母。我们至少要做到上面所提的两个标准：一要审查自己的证据可靠不可靠；二要审查自己的证据与本案有没有相干。还要假定对方有一个律师在那里，随时要驳斥或者推翻我们的证据。如果能够做到这样，也许可以养成我开始所讲的那个态度，就是要严格地不信任一切没有充分证据的东西。这就是我的提议。

最后，我要简单说一句话：要时时刻刻自己检讨自己，以养成做学问的良好习惯。台大的钱校长和许多研究自然科学、历史科学的人可以替我证明：科学方法论的归纳法、演绎法，教你如何归纳、如何演绎，并不是养成实验室的态度。实验室的态度，是天天在那里严格的自己检讨自己，创造证据来检讨自己；在某种环境之下，逼得你不能不养成某种好习惯。

刚才我说的英国大科学家洛奇先生，在实验室是严格的，出了实验室就不严格了。大科学家尚且如此！所以我们要注意，时时刻刻保持这种良好的习惯。

科学方法是怎么得来的呢？一个人有好的天资、好的家庭、好的学校、好的先生，在极好的环境中，就可以养成了某种好的治学的习惯，也可以说是养成了好的做人的习惯。

比方明朝万历年间福建陈第先生，用科学方法研究中国的古音，证明衣服的“服”字古音读“逼”。他从古书里面，举出二十个证据来证明。过了几十年，江苏昆山的一个大思想家，也是大考据家，顾亭林先生，也作同样的考证；他举出一百六十二个证据来证明“服”字古音“逼”。那个时候，并没有归纳法、演绎法，但是他们从小养成了某种做学问的好习惯。所以，我们要养成方法的自觉，最好是如临师保，如临父母，假设对方有律师在打击我，否认我提出的一切证据。这样就能养成良好的习惯。

宋人笔记中记有一个少年的进士问同乡老前辈：“做官有什么秘诀?”那个老前辈是个参政（副宰相），约略等于现在行政院的副院长，回答道：“做官要勤、谨、和、缓。”后人称为“做官四字诀”。我在小孩子的时候，就听到这个故事；当时没有注意。从前我们讲治学方法，讲归纳法、演绎法，后来年纪老一点了，才晓得做学问有成绩没有，并不在于读了“逻辑学”没有，而在于有没有养成“勤、谨、和、缓”的良好习惯。这四个字不但是做官的秘诀，也是良好的治学习惯。现在我把这四个字分别说明，作为今天演讲的结论。

第一，勤。勤就是不躲懒、不偷懒。我上次在台大讲演，提到台大前校长傅斯年先生两句口号：“上穷碧落下黄泉，动手动脚找东西。”那就是勤。顾亭林先生的证明“服”字古音是“逼”，找出一百六十二个证据，也是勤。我花了几年的工夫来考证《醒世姻缘》的作者；又为“审判”《水经注》的案子，上天下地去找材料，花了五年多的功夫：这都是不敢躲懒的意思。

第二，谨。谨是不苟且、不潦草、不拆烂污。谨也可以说是恭敬的“敬”。孔子说“执事敬”，就是教人做一件事要郑重地去做，不可以苟且。他又说“出门如见大宾，使民如承大祭”，都是敬事的意思。一点一滴不苟且，一字一笔都不放过，就是谨。谨，就是“小心的求证”中的“小心”两个字。

刚才我引了赫胥黎的两句话：“人生最神圣的一件举动就是口里说出和心里觉得‘我相信某件事物是真的’。”判断某人做贼，某人卖国，要以神圣的态度作出来；嘴里说句话，心里觉得“相信是真的”。这真是要用孔夫子所谓“如见大宾，如承大祭”的态度的。所以，谨就是把事情看得严谨、神圣；就是谨慎。

第三，和。和是虚心、不武断、不固执己见、不动火气。做考据，尤其是用证据来判断古今事实的真伪、有无、是非，不能动火气。不但不正当的火气不能动，就是正义的火气也动不得。做学问要和平、虚心，动了肝火，是非就看不清楚。赫胥黎说：“科学好像教训我们：你最好站在事实的面前，像一个小孩子一样；要愿意抛弃一切先入的成见，要谦虚的跟着事实走，不管它带你到什么危险的境地去。”这就是和。

第四，缓。宋人笔记：当那位参政提出“缓”字的时候，那些性急的人就抗议说缓要不得，不能缓。缓，是很要紧的。就是叫你不着急，不要轻易发表，不要轻易下结论；就是说“凉凉去吧！搁一搁、歇一歇吧！”凡是证据不充分或不满意的时候，姑且悬而不断；悬一年两看都可以。悬并不是不管，而是去找新材料。等找到更好的证据的时候，再来审判这个案子。这是最重要的一点。许多问题，在证据不充分的时候，绝对不可以下判断。达尔文有了生物进化的假设以后，搜集证据，反复实验，花了二十年的功夫，还以为自己的结论没有到了完善的地步，而不肯发表。他同朋友通信，曾讨论到生物的演化是从微细的变异积累起来的，但是总是不肯正式发表。后来到了一八五八年，另外一位科学家华立氏（Wallace）也得到了同样的结论，写了一篇文章寄给达尔文；要达尔文代为提出。达尔文不愿自己抢先发表而减低华立氏发现的功绩，遂把全盘事情交两位朋友处理。后来这两位朋友决定，把华立氏文章以及达尔文在一八五七年写给朋友的信和在一八四四年所作理论的撮要同时于一八五八年七月一日发表。达尔文这样谦让，固然是盛德，但最重要的是他给了我们一个“缓”的例子。他的生物进化论，因为自己觉得证据还没有十分充足，从开始想到以后，经过二十年还不肯发表：这就是缓。我以为“缓”字很重要。如果不能缓，也就不肯谨，不肯勤，不肯和了。

我今天讲的都是平淡无奇的话。最重要的意思是：做学问要能够养成“勤、谨、和、缓”的好习惯；有了好习惯，当然就有好的方法，好的结果。

第三讲　方法与材料

钱校长、各位先生、各位同学：

在三百多年以前，英国有一位哲学家叫做培根（Francis Bacon）。他可以说是鼓吹方法论革命的人。他有一个很有趣的譬喻；他将做学问的人运用材料比做三种动物。第一种人好比蜘蛛。他的材料不是从外面找来，而是从肚里面吐出来的。他用他自己无穷无尽的丝做成很多很好看的蜘蛛网。这种人叫做蜘蛛式的做学问的人。第二种人好比蚂蚁。他也找材料，但是找到了材料不会用，而堆积起来；好比蚂蚁遇到什么东西就背回洞里藏起来过冬，但是他不能够自己用这种材料做一番制造的工夫。这种做学问的人叫做蚂蚁式的学问家。第三种人可宝贵了，他们好比蜜蜂。蜜蜂飞出去到有花的地方，采取百花的精华；采了回来，自己加上一番制造的工夫，成了蜜糖。培根说，这是做学问人的最好的模范——蜜蜂式的学问家。我觉得这个意思，很可以作为我今天讲“方法与材料”的说明。

在民国十七年（一九二八），台大前任校长傅斯年先生同我两个人在同一年差不多同时发表了两篇文章。他那时并没有看见我的文章，我也没有看见他的文章。事后大家看见了，都很感兴趣，因为都是同样的注重在方法与材料之间的关系。傅先生那篇文章题目是《中央研究院历史语言研究所工作旨趣》。我那篇文章题目是《治学的方法与材料》。都是特别提倡扩大研究的材料的范围，寻求书本以外的新材料的。

民国十五年，我第一次到欧洲，是为了去参加英国对庚子赔款问题的一个会议。不过那时候我还有一个副作用（我自己认为是主要的作用），就是我要去看看伦敦、巴黎两处所藏的史坦因（Stein）、伯希和（Pelliot）两位先生在中国甘肃省敦煌所偷去的敦煌石室材料。诸位想都听见过敦煌材料的故事；那是最近五十多年来新材料发现的一个大的来源。

在敦煌有一个地方叫千佛洞，是许多山洞。在这些山洞里面造成了许多庙，可以说是中古时期的庙。其中有一个庙里面有一个藏书楼——书库，原来是藏佛经的书库，就是后来报上常提起的“敦煌石室”。在这个书库里面藏有许多卷子——从前没有现在这样的书册，所有的书都是卷子。每一轴卷子都是把许多张纸用一种很妙的粘法连起来的。很妙的粘法！经过一千多年都不脱节，不腐蚀。这里面大概有一万多卷中国中古时代所写的卷子。有许多卷子曾由当时抄写的人写下了年月。照所记的年代来看，早晚相去约为六百年的长时期。我们可以说石室里面所藏的都是由五世纪初到十一世纪时的宝贝。这里面除了中国文字的经以外，还有一些少数的外国文字的材料。敦煌是在沙漠地带，从前叫沙洲，地方干燥，所以纸写的材料在书库里面经过了一千多年没有损坏。但是怎样能保存这么久没有被人偷去抢去呢？大概到了十一世纪的时候，敦煌有一个变乱，敦煌千佛洞的和尚都逃了。在逃走之前，把石室书库外面的门封起来，并且在上面画了一层壁画，所以不留心的人不知道壁画里面是门，门里面有书库，书库里面有一万多卷的宝贝。变乱经过很长的时期。平静了以后，千佛洞的和尚死的死了，老的老了，把书库这件事也忘了。这样便经过一个从十一世纪到十九世纪末年的长时期。到了清光绪庚子年，那时候中国的佛经已经衰败。敦煌千佛洞里面和尚没有了，住上了一个老道，叫王老道。有一天他要重整庙宇，到处打扫打扫；扫到石室前面，看到壁画后面好像有一个门；他就把门敲开，发现里面是一大堆佛经。这一个王老道是没有知识的，发现了这一大堆的佛经后，就告诉人说那是可以治病的。头痛的病人向他求医，他就把佛经撕下来一些烧了灰，给病人吞下，说是可以治头痛。王老道因此倒发了一笔小财。到了西历一九〇七年，英国探险家史坦因在印度组织了一个中亚细亚探险队，路过甘肃，听到了古经治病的传说，他就跑到千佛洞与王老道嘀咕嘀咕勾搭上了。只花了七十两银子，向王老道装了一大车的宝贝材料回到英国去。这一部分在英国伦敦大英博物馆内存着。史坦因不懂得中国文字，所以他没有挑选，只装了一大车走了。到了第二年——西历一九〇八年——法国汉学家，一个了不得的东方学家，伯希和，他听说这回事，就到了中国，跑到王老道那里，也和王老道嘀咕嘀咕，没有记载说他花了多少钱，不过王老道很佩服他能够看得懂佛经上的中外文字，于是就让他拿。但是伯希和算盘很精，他要挑选；王老道就让他挑。所以他搬去的东西虽然少一点，但还是最精萃的。伯希和挑了一些有年月材料和一些外文的材料，和许多不认识的梵文的经典，后来就从这些东西里面发现很重要的中文以外的中亚细亚的文字。这一部分东西，现藏在法国国家图书馆。这是第二部分。伯希和很天真，他从甘肃路过北京时，把在敦煌所得的材料，向中国学者请教。中国的学者知道这件事，就报告政府。那时候的学部——教育部的前身——并没有禁止，任伯希和把他所得材料运往法国了。只是打电报给甘肃，叫他们把所有石室里剩余的经卷都运到北京。那些卷子有的长达几丈，有的又很短。到这时候，大家都知道石室的古经是宝贝了。于是在路上以及起装之前，大家偷的偷，夹带的夹带。有时候点过了多少件，就有人将长的剪开凑数。于是这些宝贝又短了不少。运到北京后，先藏在京师图书馆，后来改藏在北平图书馆。这是第三部分。第四部分就是散在民间的。有的藏在中国学者手里，有的在中国的各处图书馆中，有的在私人收藏家手中，有的流落到日本人手中。这是第四部分。在一万多卷古经卷里面，只有一本是刻本的书，是一本《金刚经》，是在第一批被史坦因运到英国去了。那上面注有年代，是唐懿宗年间（西历 868 年）。这是世界上最早的有日子可以确定的刻本书。此外都是卷子，大概在伦敦有五千多卷，在巴黎有三千多卷，在北平的有六千多卷，散在中国与日本民间收藏家手中的不到一百卷。

那时候（民国十五年）我正在研究中国佛教史——中国哲学史、中国思想史的一部分。我研究到唐朝禅宗的时候，想写一部禅宗史。动手写不到一些时候，就感觉到这部书写不下去，就是因为材料的问题。那个时候我觉得我在中国所能找到的材料，尤其是在十一世纪以后的，都是经过宋人篡改过的。在十一世纪以前，十世纪末叶的《宋高僧传》里面，偶然有几句话提到那个时代唐朝禅宗开始的几个大师的历史，与后来的历史有不同的地方。这个材料所记载的禅宗历史中，有一个最重要的和尚叫做神会。照我那时候所找到的材料的记载，这个神会和尚特别重要。

禅宗的历史是怎么起来的呢？唐朝初年，在广东的韶州(现在的韶关)，有一个不识字的和尚名叫慧能。这个和尚在南方提倡一种新的佛教教义，但是因为这个和尚不大认识字，他也没有到外边去传教，就死在韶州，所以还是一个地方性的新的佛教运动。但是慧能有一个徒弟，就是上面所讲的那个神会和尚。神会在他死后，就从广东出发北伐——新佛教运动的北伐，一直跑到河南的滑台。他在滑台大云寺的大庭广众中，指责当时在长安京城里面受帝王崇拜的几个大师都是假的。他说："他们代表一种假的宗派。只有我那个老师，在广东韶州的不认字的老师慧能，才是真正得到嫡派密传的。"慧能是一个獦獠——南方的一个民族。他说："从前印度的达摩到中国来，他开了一个新的宗派，有一件袈裟以为法信。这件袈裟自第一祖达摩传给第二祖，第二祖传给第三祖，第三祖传给第四祖，第四祖传给第五祖，都以袈裟为证。

到了第五祖，宗派展开了，徒弟也多了，我的老师，那个不认识字的獦獠和尚，本是在第五祖的厨房里舂米的。但是第五祖觉得他懂得教义了，所以在半夜把慧能叫去，把法的秘密传给他，同时把传法的袈裟给他作为记号。后来他就偷偷出去到南方传布教义。所以我的老师才是真正嫡派的佛教的领袖第六祖。他已经死了，我知道他半夜三更接受袈裟的故事。现在的所谓‘两京法祖三帝国师’，（两京就是东京洛阳，西京长安；三帝就是武则天和中宗、睿宗。）在朝廷受崇拜的那些和尚，都是假的。他们没有得到袈裟，没有得到秘密；都是冒牌的宗派。”神会这种讲演，很富有神秘性；听的人很多。起初在滑台；后来有他有势力的朋友把他弄到东京洛阳。他还是指当时皇帝所崇拜的和尚是假的，是冒牌的。因为他说话时，年纪也大了，口才又好，去听的人比今天还多。但是皇帝崇拜的那些和尚生气了，又因为神会说的故事的确动人，也感觉到可怕，于是就说这个和尚妖言惑众，谋为不轨，奏准皇帝，把神会流放充军。从东京洛阳一直流放到湖北。三年当中，换了三处地方，过着被贬放逐的生活。但是在第三年的时候，安禄山造反，把两京都拿下了；唐明皇跑到四川。这时候由皇帝的一个太子在陕西、甘肃的边境灵武，组织一个临时政府，指挥军队，准备平定乱事。那时最重要的一件事，就是筹款解决财政问题。有那么多的军队，而两京又都失陷，到哪里去筹款呢？于是那时候的财政部长就想出一个方法，发钞票——这个钞票，不是现在我们用的这种钞票，而是和尚、尼姑必须取得的度牒。——《水浒传》中，鲁智深杀了人，逃到赵员外家里；赵员外就为他买了度牒，让他做和尚。也就是这种度牒。——但是这个度牒，一定要有人宣传，才可以倾销。必须举行一个会，由很能感动人的和尚去说法，感动了许多有钱的人，这种新公债才有销路。就在那时候，被放逐三年的神会和尚跑了回来；而那些曾受皇帝崇拜的和尚们都已经跑走，投降了，靠拢了。神会和尚以八十岁的高龄回来，说："我来为国报效，替政府推销新的度牒"。据我那时候找到的材料的记载，这个神会和尚讲道的时候，有钱的人纷纷出钱，许多女人们甚至把耳环戒指都拿下来丢给他；没有钱的就愿意做和尚、做尼姑。于是这个推销政府新证券的办法大为成功。对于郭子仪、李光弼收复两京的军事，神会和尚筹款的力量是一个大帮助。当初被政府放逐的人，现在变成了拥护政府帮忙立功的大和尚。祸乱平定以后，皇帝把他请到宫里去，叫工部赶快给神会和尚建造禅寺。神会死时，已九十多岁；替政府宣传时，已将近九十岁了。神会和尚不但代表新佛教北伐，做了北伐总司令，而且做了政府里面的公债推销委员会的主席。他功成身死以后，当时的皇帝就承认他为禅宗第七祖。当然他的老师那个南方不识字的獦獠和尚是第六祖了。那时候我得到的材料是如此。

神会虽然有这一段奋斗的历史，但在过了一二百年以后，他这一派并没有多少人。别的冒牌的人又都起来，个个都说是慧能的嫡派。神会的真正嫡派，在历史上没有材料了。所以当我在民国十五年到欧洲去的时候的副作用，就是要去找没有经过北宋人涂改过的真正的佛教史料。因为我过去搜集这些材料时，就知道有一部分材料在日本，另一部分也许还在敦煌石室里面保存。为什么呢？方才讲过，敦煌的卷子，是从五世纪起到十一世纪的东西。这六百多年恰巧包括我要找的时期，且在北宋人涂改史料以前；而石室里的材料，又差不多百分之九十点九都是佛教材料。所以我要到伦敦、巴黎去，要找新的关于佛教的史料，要找神会和尚有没有留了什么东西在敦煌石室书库里面。这就是我方才说的副作用。到了英国，先看看大英博物院，头一天一进门就看见一个正在展览的长卷子，就是我要找的有关材料。后来又继续找了不少。我到法国的时候，傅斯年先生听说我在巴黎，也从德国柏林赶来。我们两个人同住一个地方，白天在巴黎的国家图书馆看敦煌的卷子，晚上到中国馆子吃饭，夜间每每谈到一两点钟。现在回忆起当时一段生活，实在是很值得纪念的。在巴黎国家图书馆不到三天，就看见了一段没有标题的卷子。我一看，知道我要的材料找到了；那就是神会的语录，他说的话和所做的事。卷子里面常提到“会”；虽然那还是没有人知道过，我一看就知道是神会，我走了一万多里路，从西伯利亚到欧洲，要找禅宗的材料；到巴黎不到三天就找到了。过了几天，又发现较短的卷子，毫无疑义的又是与神会有关的。后来我回到英国，住了较长的时期，又发现一个与神会有关的卷子。此外还有与那时候的禅宗有关系的许多材料。我都照了像带回国来。四年之后，我在上海把它整理出版，题为《神会和尚遗集》。我又为神会和尚写了一万多字的传记。这就是中国禅宗北伐的领袖神会和尚的了不得的材料。我在巴黎发现这些材料的时候，傅先生很高兴。

我所以举上面这个例子，目的是在说明材料的重要。以后我还要讲一点同类的故事——加添新材料的故事。我们用敦煌石室的史料来重新撰写了禅宗的历史，可以说是考据禅宗最重要的一段。这也是世界所公认的。现在有法国的哲学家把我发现后印出来的书全部译成法文，又拿巴黎的原本与我编的校看一次。美国也有人专研究这一题目，并且也预备把这些材料译成英文。因为这些材料至少在中国佛教历史上是新的材料，可以纠正过去的错误，而使研究中国佛教史的人得一个新的认识。

就在那一年冬天，傅孟真先生从德国回到中国；回国不久，就往广东担任中山大学文学院院长，并办了一个小规模的历史语言研究所。后来又应蔡孑民先生之邀，担任中央研究院历史语言研究所所长。不久，在《历史语言研究集刊》第一本发表了一篇文章，题目叫做《历史语言研究所工作旨趣》。因为我们平常都是找材料的人，所以他那篇文章特别注重材料的重要。这里面有几点是在他死后他的朋友们所常常引用的。他讲到中国三百多年的历史学、语言学的考据，与古韵古音的考据，从顾亭林、阎百诗这两个开山大师起，一直到十九世纪末年，二十世纪初年。在这三百多年当中，既然已经有人替我们开了一个新纪元，为什么现在还这样倒霉呢？傅先生对于这个问题，提出了三个最精辟的解答：

一、凡是能直接研究材料的就进步；凡是不能直接研究材料，只能间接研究材料的，或是研究前人所研究的材料或者研究前人所创造的材料系统的就退步。

二、凡一种学问能够扩充或扩张他的研究材料的便进步；凡不能扩张他的材料的便退步。

三、凡一种学问能够扩充他作研究时所应用的工具的便进步；凡不能扩充他研究时应用的工具的便退步。（在这里，工具也视为材料的一种。）

所以傅先生在他这篇文章中的结论，认为中国历史学、语言学之所以能够在当年有光荣的历史，正是因为当时的顾亭林、阎百诗等大师能够开拓地用材料。后来所以衰歇倒霉，也正是因为题目固定了，材料不大扩充了，工具也不添新的了，所以倒霉下去。傅先生在那篇文章里为中央研究院历史语言研究所提出了三条工作旨趣：

一、保持顾亭林、阎百诗的遗训。要运用旧的新的材料，客观地处理实在的问题。因为解决问题而更发生新问题；因为新问题的解决更要求更多的材料。用材料来解决问题，运用旧的新的材料，客观地处理实在的问题，要保持顾亭林、阎百诗等在三百多年前的开拓精神。

二、始终就是扩张研究的材料，充分的扩张研究的材料。

三、扩充研究用的工具。

以上是傅先生在民国十七年——北伐还没有完成，北伐军事还没有结束的时候——就已经提出的意见。他在这篇文章里面还发表了一个很伟大的梦想。他说我们最注意的是求新的材料。所以他计划要大规模的发掘新材料：

第一步，想沿京汉路，从安阳到易州这一带去发掘。

第二步，从洛阳一带去发掘；最后再看情形一步一步往西走，一直走到中亚西亚去。在傅先生那一篇并不很长的“工作旨趣”里面，在北伐军革命事还没有完成的时候，他已经在那里做这样一个扩大材料的梦想。而在最近这二十年来，中央研究院在全国学术机关内，可以说充分做到了他所提出的三大旨趣。我虽然是中央研究院的一分子，却并不是在这里做广告。我们的确可以说，他那时所提出的工作旨趣，不但是全国，亦是全世界的学术界所应当惊异的。

我在民国十七年发表的一篇文章，题目是《方法与材料》，已收在《文存》第三集内，后来又收在《胡适文选》里面。我不必详细的讲它了。大意是说：材料可以帮助方法；

材料的不够，可以限制做学问的方法；而且材料的不同，又可以使做学问的结果与成绩不同。在那篇文章里面，有一个比较表，拿西历一六〇〇年到一六七五年，七十五年间的这一段历史，与东方的那段七十多年间的历史相比较，指出中国和西方学者做学问的工作，因为所用材料的不同，成绩也有绝大的不同。那时正是傅先生所谓顾亭林、阎百诗时代；在中国那时候做学问也走上了一条新的路，走上了科学方法的路。方法也严密了；站在证据上求证明。像昨天所说的顾亭林要证明衣服的“服”字古音读作“逼”，找了一百六十个证据。阎百诗为《书经》这部中国重要的经典，花了三十年的工夫，证明《书经》中所谓古文的那些篇都是假的。差不多伪古文里面的每一句，他都找出它的来历。这种科学的求证据的方法。就是“大胆的假设，小心的求证”的方法。这种方法与西洋的科学方法，是同样的了不得的。

但是在同一时期，一六〇〇至一六七五年这一段时期，——西洋做学问的人是怎么样呢？在十七世纪初年，荷兰有三个磨玻璃的工匠，他们玩弄磨好的镜子，把两片镜片叠起来，无意中发明了望远镜。这个消息传出去以后，意大利的一位了不得的科学家伽利略（Galileo），便利用这一原理，自出心裁地制造成一个当时欧洲最完美的、最好的望远镜。从这个望远镜中发现了天空中许多新的东西。同时在北方的天文学家，开普勒（Kepler）正在研究五大行星的运行轨道。他对于五大行星当中火星的轨道，老是计算不出来，但是收集了很多材料。后来开普勒就假设说，火星轨道不是平常的圆形的而是椭圆形的；不但有一个中心而且有两个中心。这真是大胆的假设；后来证实这个假设是对的，成为著名的火星定律。当时开普勒在北方，伽利略在南方，开了一个新的天文学的纪元。伽利略死了二三十年后，荷兰有一位磨镜工匠叫做李文厚（Leeuwenhoek）。他用简单的显微镜来看毛细管中血液的运行和筋腱的纤维。他看见了血球、精虫，以及细菌（一六七五年），并且绘了下来。我们可以说，微菌学是萌芽于西历一六七五年的。伽利略并且在物理学上开了新的纪元，规定了力学的几个基本原理。

就在伽利略去世的那一年（西历一六四二），一位绝大的天才科学家——牛顿（Newton）——在英国出世。他把开普勒与伽利略等人的发现，总结起来，做一个更大胆的假设，可以说是世界有历史以来最大胆的二、三个假设中的一个，就是所谓万有引力的定律。整个宇宙所有这些大的星，小的星，以及围绕着太阳的各行星（包括地球），所以能够在空中，各循着一定的轨道运行，是什么原因呢？就是因为万有引力的缘故。在这七十五年中，英国还有两位科学家我们必须提到的。一位是发明血液循环的哈维（Harvey），他的划时代的小书是一六二八年出版的。一位是了不起的化学家波耳（Boyle），他的在思想史上有名的著作《怀疑的化学家》是一六六一年出版的。

西方学者的学问工作，由望远镜、显微镜的发明，产生了力学定律、化学定律，出了许多新的天文学家、物理学家、化学家、生理学家。新的宇宙出现了。但是我们中国在这个时代，在学者顾亭林、阎百诗的领导下做了些什么呢？我们的材料是书本。顾亭林研究古韵，他的确是用新的方法，不过他所用的材料也还是书本。阎百诗研究古文《尚书》，也讲一点道理，有时候也出去看看，但是大部分的材料都是书本。这三百多年来研究语言学、文字学所用的材料都是书本。可是西方同他们同时代的人，像开普勒、伽利略、牛顿、哈维、波耳，他们研究学问所用的材料就不仅是书本；他们用做研究材料是自然界的东西。从前人所看不清楚的天河，他们能够看清楚了；所看不见的卫星，他们能看见了；所看不出来的纤维组织，他们能看出来了。结果，他们奠定了三百年来新的科学的基础，给人类开辟了一个新的科学的世界。而我们这三百年来在学问上，虽然有了了不起的学者顾亭林、阎百诗做引导，虽然可以说也有“大胆的假设，小心的求证”的方法，但是因为材料的不同，弄来弄去离不开书本，结果只有两部《皇清经解》做我们三百年来治学的成绩。这个成绩跟三百年来西方科学的成绩比起来，相差真不可以道里计。而这相差的原因，正可以说明傅先生的话：凡是能够扩充材料，用新材料的就进步；凡是不能扩充新的材料，只能研究旧的，间接的材料的就退步。

我在那一篇文章里面有一张表，可以使我们从这七十五年很短的时间中，看出材料不但是可以限制了方法的使用，而且可以规定了研究的成绩如何。所以我那篇文章后面也有一个和傅先生类似的意见，就是说：做纸上的考证学，也得要跳过纸上的材料——老的材料，去找新的材料，才可以创造出有价值的成绩。我那篇文章虽然没有他那一种远大的大规模的计划，但是也可以作为他那篇历史上很重要的宣言的小小注脚。我们的结论都是一样的；所不同的地方是我始终没有他那样大规模的梦想：做学问的团体研究，集团研究(Corporate Research)。培根在三百多年前曾有过这种梦想——找许多人来分工合作，大规模地发现新的真理、新的意思、新的原则、新的原理；在西洋各国已经逐渐实现了。中国方面，丁文江先生在北平创立了中国地质调查所，可以说是在北方的一个最重要的学术研究团体，为团体研究，以收集新材料开辟了一个新的领土。在民国十七年，中央研究院成立，尤其是历史语言研究所的成立，在中国的语言学、历史学、考古学、人类学各方面，充分地使用了傅先生的远大的见识，搜罗了全国第一流的研究人才、专家学者，实地去调查、去发掘。例如，安阳的十五次发掘，以及其他八省五十五处的发掘，和全国各地语言语音的调查：这些工作，都是为扩充新的材料。除了地质调查所以外，历史语言研究所可以说是我们规模最大成绩最好的学术研究团体。我们也可以说，中国文史的学问，到了历史语言研究所成立以后才走上了完全现代化、完全科学化的大路，这是培根在三百年前所梦想的团体研究的一个大成绩。

不论团体研究也好，个人研究也好，做研究要得到好的成绩，不外上面所说的三个条件：一，直接的研究材料；二，能够随时随地地扩张材料；三，能够扩充研究时所用的工具。这是从事研究学问而具有成绩的人所通有的经验。

我开始讲“治学方法”第一讲的时候，因为在一广场中，到的人数很多，没有黑板，没有粉笔，所以只能讲一些浅显的小说考证材料。有些人认为我举的例太不重要了。不过我今天还要和诸位说一说，我用来考证小说的方法，我觉得还算是经过改善的，是一种“大胆的假设，小心的求证”的方法。我可以引为自慰的，就是我做二十多年的小说考证，也替中国文学史家与研究中国文学史的人扩充了无数的新材料。只拿找材料做标准来批评，我二十几年来以科学的方法考证旧小说，也替中国文学史上扩充了无数的新证据。

我的第一个考证是《水浒传》。大家都知道《水浒传》是七十一回，从张天师开始到卢俊义做梦为止。但是我研究中国小说，觉得可以分为两大类。像《红楼梦》与《儒林外史》是第一类，是创造的小说。另一类是演变的小说，从小的故事慢慢经过很长时期演变扩大成为整部小说，像《水浒传》《西游记》《隋唐演义》《封神榜》等这一类故事都是。我研究《水浒传》，发现是从《宣和遗事》这一本很小的小说经过很长的时期演变而来的。在演变当中，《水浒传》不但有七十一回的，还有一百回的、一百二十回的。我的推想是：到了金圣叹的时候，他以文学的眼光，认为这是太长了；他是一个刽子手，又有文学的天才，就拿起刀来把后面的割掉了，还造出了一个说法，说他得到了一个古本，是七十一回的。他并且说《水浒传》是一部了不得的书，天下的文章没有比《水浒》更好的。这是文学的革命，思想的革命；是文学史上大革命的宣言。他把《水浒》批得很好，又做了一篇假的序，因此，金圣叹的《水浒》，打倒一切的《水浒》。我这个说法，那时候大家都不肯相信。后来我将我的见解，写成文章发表。发表以后，有日本方面做学问的朋友告诉我说：日本有一百回、一百二十回本的《水浒传》。后来我在无意间又找到了一百十五回本、一百二十四回本和一百十九回本。台大的李玄伯先生也找到一百回本。因为我的研究《水浒传》，总想得到新的材料，所以社会上注意到了，于是材料都出来了。这就是一种新材料的发现，也就是二十多年来因我的提倡考证而发现新的材料。

关于《红楼梦》，也有同样的情形。因为我提倡用新的观点考证《红楼梦》，结果我发现了两种活字版本，是乾隆五十六年和五十七年的一百二十回本。有人以为这个一百二十回本是最古的版本，但也有人说《红楼梦》最初只有八十回，后面四十回是一个叫做高鹗的人加上去的。他也编造了一个故事说：是从卖糖的担子中发现了古本。我因为对于这个解释不能满意，总想找新的材料证明是非，结果我发现了两部没有排印以前的抄本，就是现在印行出来的八十回本。

因为考证《红楼梦》的关系，许多大家所不知道的抄本出现了。此外，还有许多关于曹雪芹一家的传记材料。最后又发现脂砚斋的评本《红楼梦》，虽然不完全，但的确是最早的本子——就是现在我自己研究中的一本。后来故宫博物院开放了，在康熙皇帝的一张抽屉里发现曹雪芹的祖父曹寅的一批秘密奏折。这个奏折说明当时曹家地位的重要。曹雪芹的曾祖、祖父、父亲、叔父三代四个人继续不断在南京做江宁织造五十年，并且兼两淮盐运使。这是当时最肥的缺。为什么皇帝把这个全国最肥的缺给他呢？因为他是皇帝的间谍，是政治特务；他替皇帝侦查江南地方的大臣，监视他们回家以后做些什么事，并且把告老回家的宰相的生活情形，随时报告皇帝。一个两江总督或江苏巡抚晋京朝圣，起程的头一天，江苏下雪或下雨，他把这个天气的情形用最快的方法传达给皇帝。等到那个总督或巡抚到京朝见时，皇帝就问他“你起程的头一天江苏是下雪吗？”这个总督或巡抚听到皇帝这个问话，当然知道皇帝对于各地方的情形是很清楚的。因此就愈加谨慎做事了。

我所以举《红楼梦》的研究为例；是说明如果没有这些新的材料，我们的考证就没有成绩。我研究这部书，因为所用的方法比较谨严，比较肯去上天下地动手动脚找材料，所以找到一个最早的“脂砚斋抄本”——曹雪芹自己批的本子——和一个完全的八十回的抄本，以及无疑的最早的印本——活字本，再加上曹家几代的传记材料。因为有这些新材料，所以我们的研究才能有点成绩。但是亦因为研究，我们得以扩张材料：这一点是我们可以安慰自己的。

此外如《儒林外史》，是中国的第一部小说。这本书是一个很有思想的吴敬梓作的。当我在研究时，还不知道作者吴敬梓是安徽全椒人。我为了考证他的人，要搜求关于他的材料。不到几个月的工夫，就找到了吴敬梓诗文集全集，后面还附有他儿子的诗。这厚厚的一本书，在书店中别人都不要的，我花一块半钱就买到了。这当是一个海内孤本（我恐怕它失传，所以重印了几千册）。就拿这种考证来讲，方法与材料的关系是很重要的。如果没有材料，就没有法子研究；而因为考证时能够搜求材料，又可以增加了许多新材料。

我再用佛教史的研究说明扩张材料。我那年在英国大英博物院看敦煌卷子的时候，该院一位管理人员告诉我说：有一位日本学者矢吹庆辉刚刚照了许多卷子的影片带回去。后来矢吹庆辉做了一本书叫《三阶教》。这是隋唐之间佛教的一个新的研究；用的材料，一部分是敦煌的卷子，一部分是日本从唐朝得来的材料。

我搜求神会和尚的材料，在巴黎发现敦煌所藏的两个卷子。我把它印出来以后，不到三年，日本有位石井实先生，买到了一个不很长的敦煌的卷子，也是与神会和尚有关的材料。这个卷子和我所发现的材料比较起来，他的前面一段比我发现的少，后面一段比我发现的多。这个卷子，他也印出来了。另外一位日本学者铃木，也有一卷关于神会的卷子；这和我所发现的是一个东西，但是抄写的不同，有多有少，可以互相补充。因为考证佛教史中禅宗这个小小的问题，增添了上面所说的许多材料。

日本的矢吹先生在伦敦博物院把敦煌所藏的卷子照了许多影片带回日本以后，日本学者在这些照片里面发现的一件宝贝，就是上面讲到的，南方韶州地方不认识字的和尚，禅宗第六祖慧能的语录——《坛经》。这是从来没有的孤本，世界上最宝贵的本子。这本《坛经》只有一万一千言；在现在世界上流行的本子有两万两千言。这本《坛经》的出现，证明现在流行的《坛经》有百分之五十是后来的一千多年中和尚们你增一条、我添一章的加进去的，是假的。这也是佛教史上一个重要的发现。总之，因为我考证中国佛教新的宗派在八世纪时变成中国正统的禅宗的历史，我就发现了许多新的材料。

最后我感谢台湾大学给我这个机会——讲学。我很惭愧，因为没有充分准备。我最后一句话，还是我开头所说的“大胆的假设，小心的求证”。在求证当中，自己应当自觉地批评自己的材料。材料不满意，再找新证据。这样，才能有新的材料发现；有新材料才可以使你研究有成绩、有结果、有进步。所以我还是要提一提台大前任校长傅先生的口号：“上穷碧落下黄泉，动手动脚找东西”。

中学生的修养与择业[①]

刚才吴县长报告了五十八年前我在此地的一段历史——我在三岁至四岁间，随先人在台东州住过一年多，在台南住过十个月——要我把台东看作第二家乡；昨天台南市市长也向台南市市民介绍我先人的举动，实在不敢当。明天举行县议员选举，我将以不是候选人也不是选举人，冒充同乡，到各投票所去参观。

今天我看到了吴县长老太太，看到了她，我非常感动，她可算台东年龄最高的了，她与先母年龄相当，先母如在世，已经有七十九岁了。

我到这里不久，与县长、教育科长、校长等几位谈话，

① 本文为 1952 年 12 月 27 日胡适在台东县公共体育场的演讲，收入《胡适言论集》甲编。

知道了台东的教育是在异常困难的情况下来推进的，我非常敬佩他们艰苦不移、紧守岗位的坚毅意志。本来教育厅陈雪屏厅长预备与我们同来的，因台北有事，临时由台南赶回去了。不过教育厅还有一位视察杨日旭先生是同来的，我已经特地要他到各校去视察，并将视察结查报告教育厅，以使省府对台东的教育情形有所了解。

今天我应该讲些什么？事先曾请教吴县长、师范刘校长和同来的几位朋友，他们以今天到场的大多数是青年朋友们，也有青年朋友的父兄，因此要我讲讲中等教育的东西。同时，我到过的地方，许多朋友常常问我中学生应注重什么？中学毕业后，升学的应该怎样选科？到社会里去的应该怎样择业？我是不懂教育的，不过年纪大些，并且自己也是经过中学大学出来的，同时看到朋友们与我们自己的子弟经过中学，得到一点认识，愿意将自己的认识提出来供大家参考，今天讲的题目，就是："中学生的修养与中学生的择业"。

中学生的修养应注意两点：

一、工具的求得　中学生大概是从十二岁的幼年到十八岁的青年，这个时期是决定他将来最重要的一个时期。求知识与做人、做事的工具，要在这个时期求得。古人说："工欲善其事，必先利其器"，中学生要将来有成就，便应该注意到"求工具"——学业上、事业上、求知识上所需要的工具。求工具的目标有二：一是中学毕业后无力升学要到社会里去就业；一是继续升学。

第一种工具是语言文字。不论就业升学，以我个人的经验和观察所得，语言文字是最需要的工具。在中学里不仅应该学好本国的语言文字，最好能多学一二种外国的语言文字。它是就业升学的钥匙，能为我们打开知识的门。多学得一种语言，等于辟开一个新的花园、新的世界。语言文字，可以说是中学时期应该求得的工具当中非常重要的了。在中学时期如果没有打好语言文字的基础，以后做学问非常的困难。而且过了这个时期，很少能够把语言文字弄好的。

第二种工具是科学的基本知识。许多人都说学了数学，将来没有什么用处，这是错误的。数学是自然科学重要的钥匙，如果不能把这个重要的钥匙——数学，与物理学、化学、生物学、矿物学、植物学等，在中学时期学好，则不能求得新的知识。所以中学时期最重要的，是把这些基本知识弄好。

青年们在学校里对于各种基本科学，不能当它是功课，是学校课程里面需要的功课，应该把它当成求知识、做学问、做人的工具，必不可少的工具。拿工具这个观念来看课程，课程便活了。拿工具这个观念来批评课程，可以得到一个标准。首先看看哪些功课够得上做工具，并分出哪些功课是求知识做学问的工具，哪些功课是做人的工具。哪些功课是重要，哪些功课是次要。同时拿工具这个观念来督促自己，来分别轻重缓急。先生的教法，也可以拿工具这个观念来衡量，哪种教法是死的笨的，请先生改良，哪些应该特别注重，请先生注意。我这个话，不是叫学生对先生造反，而是请先生以工具来教，不要死板地照课本讲，这样推动先生，可以使得先生从没有精神提起精神，不是造反而是教学相长，不把功课当作功课看，把它当作必须的工具看。拿工具的观念看功课，功课便是活的。这一点也可以说是中学生治学的方法。

二、良好习惯的养成 良好习惯的养成，即普通所谓的人品教育，品性人格的陶冶。教育学家心理学家都告诉我们说：人品性格是习惯的养成，好的品格是好的习惯养成。中学生是定型的阶段，中学生时期与其注重治学方法，毋宁提倡良好习惯的养成。一个人的坏习惯在中学还可纠正，假使在中学里不能养成良好的习惯，这个人的前途便算完了，在大学里不会是个好学生，在社会里不会是个有用的人才。我原在这里提醒青年学生们的注意，也请学生的父兄教师们注意。

我们的国家以前专注重文字教育，读书人的指甲蓄得很长，手脸都是白白的，行动是文绉绉的，读书可以从“学而时习之”背诵起，写文章摇摇摆摆地会写出许多好听的词句来，可是他们是无用的，不能动手，也不能动脚，连桌凳有一点坏了，也不能拿起斧头钉子来修理。这种只能背书写文章的读书人就是没有养成良好的习惯——动手动脚的习惯。

我在台湾大学讲“治学方法”时，讲到一个故事：宋时有一新进士请教老前辈做官的秘诀，老前辈告诉他四个字："勤、谨、和、缓"。这四个字大家称为做官的秘诀，我把它看作做人、做事、做学问的秘诀。简单的分别说：

勤，就是不偷懒，不走捷径，要切切实实，辛辛苦苦的去做。要用眼睛的用眼睛，用手的用手，用脚的用脚，先生叫你找材料，你就到应该到的地方去找。叫你找标本，你就到田野，到树林里去找。无论在实验室里，在自然界里，都不要偷懒，一点一滴的去做。

谨，就是谨慎，不粗心，不苟且。以江浙的俗话来说，不拆烂污。写字，一点、一横都不放过；写外国字，"i"的一点、"t"的一横，也一样的不放过。作数学，一个圈，一个小数点都不可苟且。不要以为这是小事情，做小事关系天下的大事，做学问关系成败，所以细心谨慎，是必须养成的习惯。

和，就是不要发脾气，不要武断。要虚心，要和和平平。什么叫做虚心？脑筋不存成见，不以成见来观察事，不以成见来对待人。就做学问来说：要以心平气和的态度来学化学、数学、历史、地理，并以心平气和的态度来学语文。无论对事、对人、对物、对问题、对真理，完全是虚心的，这叫做和。

缓，这个字很重要。缓的意思是不要忙，不轻易下结论。如果没有缓的习惯，前面三个字就不容易做到。譬如找证据，这是很难的工作，如果要几点钟缴卷，就不能作到“勤”的工夫。忙于完成，证据不够，不管它了，这样就不能做到谨的工夫。匆匆忙忙地去作，当然不能做到和的工夫。所以证据不够，应该悬而不断，就是姑且挂在那里。悬而不断，并不是叫你搁下来不管，是要你勤，要你谨，要你和。缓，就是南方人说的“凉凉去吧”。缓的意思，是要等着找到了充分的证据，然后根据事实来下判断。无论做学问、做事、做官、做议员，都是一样的。大家知道治花柳病的名药“606”吧？什么叫“606”呢？经过六百零六次的试验才成功的。“914”则试验了九百一十四次。达尔文的生物进化论认为，动植物的生存进化与环境有绝大的关系，也费了三十年的工夫，到四海去搜集标本和研究，并与朋友们往复讨论。朋友们都劝他发表，他仍然不肯。后来英国皇家学会收到另一位科学家华莱士的论文，其结论与达尔文的一样，朋友们才逼着达尔文把研究的结论公布，并提出与朋友们讨论的信件，来证明他早已获得结论，于是皇家学会才决定同华莱士的论文同时发表。达尔文这种持重的态度，不是缺点，是美德，这也是科学史上勤、谨、和、缓的实例。值得我们去想想，作为榜样，尤其青年学生们要在中学里便养成这种好习惯。有了这种好习惯，无论是做人、做事、做学问，将来不怕没有成就。

中学生高中毕业后，面临的问题是继续升学或到社会去找职业。升学应如何选科？到社会去应如何择业？简单地说，有两个标准：

一、社会的标准 社会上所需要的，最易发财的，最时髦的是什么？这便是社会的标准。台湾大学钱校长告诉我说，今年台大招生，投考学生中外文成绩好的都投考工学院，尤其是考电机工程、机械工程的特多，考文史的则很少，因为目前社会需要工程师，学成后容易得到职业而且待遇好。这种情形，在外国也是一样的，外国最吃香和学科是原子能、物理学和航空工程，干这一行的，最受欢迎，最受优待。

二、个人的标准 所谓个人的标准，就是个人的兴趣、性情、天才近哪门学科，适于哪一行业。简单的说，能干什么。社会上需要工程师，学工程的固不忧失业，但个人的性情志趣是否与工程相合？父母、兄长、爱人都希望你学工程，而你的性情志趣，甚至天才，却近于诗词、小说、戏剧、文学，你如迁就父母、兄长、爱人之所好而去学工程，结果工程界里多了一个饭桶，国家社会失去了一个第一流的诗人、小说家、文学家、戏剧学家，不是可惜了吗？所以个人的标准比社会的标准重要。因为社会标准所需要的太多，中国人常说社会职业有三百六十行，这是以前的说法，现在何止三百六十行，也许三千六百行，三万六千行都有，三千六百行，三万六千行，行行都需要。社会上需要建筑工程师，需要水利工程师，需要电力工程师，也需要大诗人、大美术家、大法学家、大政治家，同时也需要做新式马桶的工人。能做新式马桶的，照样可以发财。社会上三万六千行，既是行行都需要，一个人决不可能会做每行的事，顶多会二三行，普通都只能会一行的。在这种情形之下，试问是社会的标准重要，还是个人的标准重要？当然是个人的重要！因此选科择业不要太注重社会上的需要，更不要迁就父母、兄长、爱人的所好。爸爸要你学赚钱的职业，妈妈要你学时髦的职业，爱人要你学社会上有地位的职业，你都不要管他，只问你自己和性情近乎什么？自己的天才力量能做什么？配做什么？要根据这些来决定。

历史上在这一方面，有很好的例子。意大利的伽俐略是科学的老祖宗，是新的天文学家，新的物理学家的老祖宗。他的父亲是一个数学家，当时学数学的人很倒霉。在伽俐略进大学的时候（三百多年前），他父亲因不喜欢数学，所以要他学医，可是他读医科，毫无兴趣。朋友们以他的绘画还不坏，认为他有美术天才，劝他改学美术，他自己也颇以为然。有一天他偶然走过雷积教授替公爵府里面做事的人补习几何学的课室，便去偷听，竟大感兴趣，于是医学不学了，画也不学了，改学他父亲不喜欢的数学。后来替全世界创立了新的天文学、新物理学，这两门学问都建筑于数学之上。

最后说我个人到外国读书的经过。民国前二年，考取官费留美，家兄特从东三省赶到上海为我送行，以家道中落，要我学铁路工程，或矿冶工程。他认为学了这些回来，可以复兴家业，并替国家振兴实业；不要我学文学、哲学，也不要学做官的政治法律，说这是没有用的。当时我同许多人谈过这个问题。以路矿都不感兴趣，为免辜负兄长的期望，决定选读农科，想做科学的农业家，以农报国。同时美国大学农科，是不收费的，可以节省官费的一部分，寄回补助家用。进农学院以后第三个星期，接到实验系主任的通知，要我到该系报到实习。报到以后，他问我："你有什么农场经验?"我说："我不是种田的。"他又问我："你做什么呢?"我说："我没有做什么，我要虚心来学，请先生教我。"先生答应说："好。"接着问我洗过马没有，要我洗马。我说："我们中国种田，是用牛不是用马。"先生说："不行。"于是学洗马，先生洗一半，我洗一半。随即学驾车，也是先生套一半，我套一半。做这些实习，还觉得有兴趣。下一个星期的实习，为苞谷选种，一共有百多种，实习结果，两手起了泡，我仍能忍耐，继续下去。一个学期结束了，各种功课的成绩都在八十五分以上。到了第二年，成绩仍旧维持到这个水准。依照学院的规定，各科成绩在八十五分以上的，可以多选两个学分的课程，于是增选了种果学。起初是剪树、接种、浇水、捉虫，这些工作，也还觉得有兴趣。在上种果学的第二学期，有两小时的实习苹果分类，一张长桌，每个位子分置了四十个不同种类的苹果，一把小刀，一本苹果分类册，学生们须根据每个苹果的长短，开花孔的深浅、颜色、形状、果味和脆软等标准，查对苹果分类册，分别其类别（那时美国苹果有四百多类，现恐有六百多类了），普通名称和学名。美国同学都是农家子弟，对于苹果的普通名称一看便知，只需在苹果分类册里查对学名，便可填表缴卷，费时甚短。我和一位郭姓同学则须一个一个的经过所有检别的手续，花了两小时半，只分类了二十个苹果，而且大部分是错的。晚上我对这种实习起了一种念头：我花了两小时半的时间，究竟是在干什么？中国连苹果种子都没有，我学它什么用处？自己的性情不相近，干吗学这个？这两个半钟头的苹果实习使我改行，于是，决定离开农科。放弃一年半的时间（这时我已上了一年半的课），牺牲了两年的学费，不但节省官费补助家用已不可能，维持学业很困难，以后我改学文科，学哲学、政治、经济、文学。在没有回国时，与朋友们讨论文学问题，引起了中国的文学革命运动。提倡白话，拿白话作文，做教育工具，这与农场经验没有关系，与苹果学没有关系，是我那时的兴趣所在。我的玩意儿对国家贡献最大的便是文学的"玩意儿"，我所没有学过的东西。最近研究《水经注》（地理学的东西）。我已经六十二岁了，还不知道我究竟学什么？都是东摸摸、西摸摸，也许我以后还要学学水利工程亦未可知，虽则我现在头发都白了，还是无所专长，一无所成。可是我一生很快乐。因为我没有依社会需要的标准去学时髦。

我服从了自己的个性，根据个人的兴趣所在去做，到现在虽然一无所成，但是我生活得很快乐，希望青年朋友们，接受我经验得来的这个教训，不要问爸爸要你学什么，妈妈要你学什么，爱人要你学什么。要问自已性情所近，能力所能做的去学。这个标准很重要，社会需要的标准是次要的。

报业的真精神[①]

我自从在国内做学生，留学国外，以迄现在三四十年来，几乎年年与报界发生关系，至少和杂志社未曾断过关系。这几年来，我是《自由中国》杂志社名义上的发行人。所以我与各位仍是同业。

我做学生时便开始办报，十六七岁主办《竞业旬刊》(罗家伦先生最近在中国国民党党史编纂委员会发现保存有该刊)，一个人包办整个篇幅，用了很多的假名。外国留学时，也常常翻译小说、写写散文一类的文章向报纸杂志投稿，赡家养母。后来与《新青年》杂志发生了重要关系，许多文章都在《新青年》发表，其中几篇是谈文学改革［良］问题

---

① 1953年1月7日在台北市报业公会欢迎会上的讲演，杨欣泉记录；原载1953年1月6日台北《中央日报》。

的，说到将来中国文学应该用什么文字做工具。那时我不过二十多岁，文学改革［良］的文章，是在大学宿舍里与一般朋友们讨论的结果，想不到竟引起国内老一辈的中年朋友们的赞同和支持。在我没有回国时（民国五六年），国内文学革命的旗帜已经打了起来，白话［文］运动弥漫全国，报纸杂志都热烈讨论，以后我也常常参加。

继《新青年》之后，我加入了陈独秀、李大钊所办的《每周评论》。那时我有一个主张，认为我们要替将来中国奠定非政治的文化基础，自己应有一种禁约，不谈政治、不参加政治、不与现实政治发生关系，专从文学和思想两方着手，做一个纯粹的思想文化运动。所以我从那个时候起二十年不谈政治、不干政治，这是我自己的禁约。可是一班朋友说："适之不谈政治，我们要谈政治。"所以民国七年先慈去世，我奔丧回安徽，他们以《新青年》不谈政治，另办一个周刊——《每周评论》过过瘾。等我回北平，已经出刊几期了。民国八年陈独秀被捕，《每周评论》无人主持，便由我接办，直到北平警察厅查封为止。

后来又办《努力周报》，办了一年半，出刊七十五期。《努力周报》是谈政治的报。以前我们是不谈政治的，结果政治逼人来谈。后来只是不干政治，正如穆罕默德不朝山、山朝穆罕默德一样，把二十年不谈政治的禁约放弃了。不过二十年不干政治的禁约，至少我个人做到了。抗战时期政府征调国民服务，先要我到美国去做非正式的国民外交，继派我为驻美大使，做了四年的外交官。这是我立禁约的第二十一年，可算已超出于二十年不干政治的期限，坚守住了二十年不干政治的禁约。

我与日报的关系是常替天津《大公报》写文章。《大公报》的“星期论文”就是我替张季鸾先生、胡政之先生计划的，请《大公报》以外的作家每星期写一篇文章，日程也多由我代为排定。这样，报馆的主笔先生每周至少有一天休息。这种方式旋为国内各报所采用。

我认为办报只要采取锲而不舍的精神，用公平态度去批评社会、教育、文化、政治，有毅力地继续不断地努力做去，终是有效的。佛教《法华经》有一句话，“功不唐捐”（“唐”，古白话“空”字），意思说，努力是不白费的。

譬如提倡中国文学白话运动，原是偶然的，我在文艺协会座谈会说过。一九一五年，康奈尔大学中国留学生的男同学欢迎一位中国女同学，餐后泛舟游凯约嘉湖，忽然天气骤变，乌云四布，大家急于回来，但船将靠岸，暴风雨已经发作，大家匆忙上岸，小船竟翻了，幸而没有发生事情，不过大家的衣服都弄湿了。男同学中的任叔永先生事后寄了一首旧诗给我（我那时在哥伦比亚大学），题名《凯约嘉湖覆舟》。游湖、遇雨、覆舟、写诗，这些都是偶然发生的；我看了那首旧诗，也偶然地产生了一种感想，觉得诗的意思很好，但用字不划一，有今字，有《诗经》里的古字。《诗经》里的古字，是两千年前死了的字，已不适用于今天了，我随即复了一封批评的信。这封信又偶然给哈佛大学守旧的梅光迪先生看见了，很生气地骂我的批评是邪说。我为替自己的主张辩护，便到处搜集材料证据，来证明中国文学应该用活的语言文字，应该用白话，不论是写文章和作诗；便在《新青年》发表《文学改良刍议》，提出八条意见。陈独秀先生是主张革命的，继我而发表了《文学革命论》（“文学革命”的名词便是由此而来）。这样一来，文学革命的旗帜已经展出来了，“伸头一刀，缩头也是一刀”，只好硬着头支撑起来。当时我们认为我们的思想主张必为将来中国的教育工具和一切的文学工具。白话可以写诗，可以写散文、小说、韵文，不仅可以写通俗的诗词韵文，并且可以写高深的诗词韵文。小说用白话写，在数百年前已经有伟大的小说如《七侠五义》《西游记》《封神榜》等可作证据；诗词方面，历史上大诗人所作的诗，凡是易于记诵的，都是白话文。关于这一点，许多人还是不肯信服，认为古人的诗有白话是偶然的。我为此于民国五年七月十六日写信告诉朋友们说，从即日起我不作诗了，要作诗就是白话诗。民国六年元旦，我把这个主张同时发表在国内的《新青年》和美国留学生办的《季刊》上。我们当时曾细细想过：文学革命运动是对的，但一定会有人反对，一定会遇到阻碍，我们准备奋斗二十五年至三十年，相信一定可以成功。因为所有现代国家都经过了文学革命的阶段，如五百年前的西欧是用拉丁文，东欧是用希腊文，先由意大利发动文学革命，提倡用白话，以后法、德、英国，整个欧洲，一个个地都用新的活的语文，所以我们认定我们的主张必会成功。结果出人意料之外，原拟奋斗二十五年至三十年的，只做了四年工夫（民国六年到九年）时机便成熟了。民国九年，北京的反动政府教育部也受了舆论的震动，没有法子拒绝，颁布了初级小学一二年级的教材用白话文来编。殊不知学校制度是有机体的，一二年级教材用白话文，三四年级教材也就不能不用白话文了，这样白话文便打进了学校。

民国八年的五四运动，是爱国运动，全国学生为响应这一运动，出版了四百多种刊物，都是篇幅很小（有些像包脚布），也有油印的壁报，但全部是用的白话。这是一班青年感觉北大这班教授提倡的白话一点不错，采用为发言的工具了，用不着我们开学堂来训练，只要把想说的话放胆的写出来就行了。

大家看《红楼梦》《水浒传》等小说，就是学习写白话的模范，用不着再找教师。以我的经验，中国的白话，是最容易的一种语言工具，可以无师自通，几百年来的老祖宗，给了我们许多的教材。同时我觉得中国的语言，是全世界最容易学、最容易说的语言；文法上没有性的区别，没有数量的区别，也没有时间的区别。你来、他来、我去、你去，没有变化；他昨天来（过去的）、今天来（现在的）、明天来（将来的），没有变化。话怎么说，文章便怎么写。所以“五四”运动，各地青年学生要发表思想情感，无师自通的工具——白话文便自然地产生出来了，使北京政府教育部不得不接受这一运动，不得不颁布小学一二年级教科书改用白话文来编。跟着，新诗、新的散文、小品文、新的戏剧、新的短篇小说、长篇小说、新闻短评、长论文，都出来了。我们预备奋斗二十五年至三十年的，想不到四年工夫，我们便胜利了。

我们应该相信，我们这一行业——报业，确是无冕帝王，我们是有力量的，我们的笔是有力量的。只要我们对这一行业有信心，只要我们的主张是站得住的，有材料、有证据、不为私、是为公，以公平的态度锲而不舍地努力下去，“功不唐捐”，努力是不会白费的。提倡白话文运动，四年小成，十年大成，终于普及全国，这就是一个证明。

当此国家多难，时局动荡激烈，全世界也陷于危机的时候，报业当然也遇上了困难。令日“自由中国”只有十三份报纸，公营民营报纸经营都有困难，只好靠配给；并受人口的影响，销路不多；商业不发达，登广告的少。这些困难，我一看便知道，我很同情。不过，我们干这一行的，应该有一种信仰，要相信“功不唐捐”，努力是不白费的。我们贯彻一种主义，预定十年，也许三五年便发生了效果。我们不必悲观失望，不必求速效，我们的职务是改变人的思想习惯。改变思想习惯就是改变人的作风。思想习惯都是守旧的、难得改的，可是久而久之潜移默化，不知不觉中会发生效果。这类的事，我这过了六十二岁的人，是见过很多的。如当年梁启超先生在海外办《新民丛报》，倡导维新，竟至影响了国内全国的政治社会！革命的前辈在海外办《民报》，鼓吹革命，满清政府禁止其运入国内，许多留学生却将《民报》缝入枕头，偷偷地运回国内秘密传观，流行的数量这样的少，可是几年中全国青年人接受了革命的思想，促成革命的成功，这是孙中山先生所梦想不到的！他们远在海外，以少数几个人的力量，凭着胆量勇气，提倡理想的主张，在短时期内便震动全国，证明报业是有力量、足以自夸的高贵的职业。

我们看一看六十年的中国历史，可以知道中国以前的报馆是可怜得很，少数几个人包办一切，几张破桌椅，便算设备，那有现在的人才济济，更没有这样阔绰的“记者之家”，可以在工作之余，来喝茶“白相”。

刚才谈到报纸的广告少，这是不能怪商人不懂广告效用，不明广告价值，不送广告来登；广告是要靠报馆提倡，要靠自己去找的。美国广告的发达，也不过是数十年的历史。美国克蒂斯出版公司出版三种报纸、杂志——《星期六邮报》《妇女与家庭》杂志和《乡下人》，他们先是推广报纸、杂志的销路，再全力宣传广告效用，派人出去招揽广告。结果业务蒸蒸日上，极一时之盛。近代广告的演进，渐渐成了广告学，甚至广告心理学，用广告来引起人的欲望，引起购买的动机，向人们展开攻势，争取广告。大家如果能够研究用策略、战略去争取广告，我敢担保广告一定会发达。我下次来的时候，台湾各报的广告，必有可观的成绩。广告成为美国的宠儿，就是美国人懂得广告心理，在中国的都市中广告比较发达的是上海，而上海最初懂得利用广告的是中法药房创办人黄楚九。黄楚九懂得广告心理学，他制售补脑汁，不说是他自己发明的黄医生补脑汁，而说是德国艾罗医生的发明，以加强购买者的信心。所谓艾罗，即英文的 Yellow。这种做法，当然是不足为法的，但是做广告要懂得心理学，这里可以得到一个证明。由于黄楚九懂得运用广告，广告在上海才引人注意。在台湾，大家不妨现在就发起一种广告运动，凭了各位先生、各位小姐的才干，广告一定能够打开局面，报业一定能够大发达。

我向来是乐观的。朋友们都说我是不可救药的乐观主义者，今天我也就是以不可救药的乐观主义者和大家讲话。诸位不妨发起一两种小运动来试试看，我相信必会有圆满的收获。谨以“功不唐捐”作为记者之家的格言。

大学的生活——学生选择科系的标准①

校长、主席、各位同学：

……

不过，我又听见许多朋友讲，目前很多学生选择科系时，从师长的眼光看，都不免带有短见，倾向于功利主义方面。天才比较高的都跑到医工科去，而且只走入实用方面，而又不选择基本学科，譬如学医的，内科、外科、产科、妇科，有很多人选，而基本学科譬如生物化学、病理学，很少青年人去选读，这使我感到今日的青年不免短视，带着近视眼镜去看自己的前途与将来。我今天头一项要讲的，就是根据我们老一辈的对选科系的经验贡献给各位。我讲一段故事。

---

① 1958年6月5日在台湾大学法学院的演讲，原载1958年6月19日台北《大学新闻》。

记得四十八年前，我考取了官费出洋，我的哥哥特地从东三省赶到上海为我送行，临行时对我说，我们的家早已破坏中落了，你出国要学些有用之学，帮助复兴家业，重振门楣，他要我学开矿或造铁路，因为这是比较容易找到工作的，千万不要学些没用的文学、哲学之类没饭吃的东西。我说好的，船就要开了。那时和我一起去美国的留学生共有七十人，分别进入各大学。在船上我就想，开矿没兴趣，造铁路也不感兴趣，于是只好采取调和折中的办法，要学有用之学，当时康奈尔大学有全美国最好的农学院，于是就决定去学科学的农学，也许对国家社会有点贡献吧！那时进康大的原因有二：一是康大有当时最好的农学院，且不收学费，而每个月又可获得八十元的津贴；我刚才说过，我家破了产，母亲待养，那时我还没结婚，一切从俭，所以可将部分的钱拿回养家。另一是我国有百分之八十的人是农民，将来学会了科学的农业，也许可以有益于国家。

入校后头一星期就突然接到农场实习部的信，叫我去报到。那时教授便问我："你有什么农场经验？"我答："没有。""难道一点都没有吗？""要有嘛，我的外公和外婆，都是道地的农夫。"教授说："这与你不相干。"我又说："就是因为没有，才要来学呀！"后来他又问："你洗过马没有？"我说："没有。"我就告诉他中国人种田是不用马的。于是老师就先教我洗马，他洗一面，我洗另一面。他又问我会套车吗，我说也不会。于是他又教我套车，老师套一边，我套一边，套好跳上去，兜一圈子。接着就到农场做选种的实习工作，手起了泡，但仍继续的忍耐下去。农复会的沈宗瀚先生写一本《克难苦学记》，要我和他作一篇序，我也就替他作一篇很长的序。我们那时学农的人很多，但只有沈宗瀚先生赤过脚下过田，是唯一确实有农场经验的人。学了一年，成绩还不错，功课都在八十五分以上。第二年我就可以多选两个学分，于是我选种果学，即种苹果学。分上午讲课与下午实习。上课倒没有什么，还甚感兴趣；下午实验，走入实习室，桌上有各色各样的苹果三十个，颜色有红的、有黄的、有青的……形状有圆的、有长的、有椭圆的、有四方的……。要照着一本手册上的标准，去定每一苹果的学名，蒂有多长？花是什么颜色？肉是甜是酸？是软是硬？弄了两个小时。弄了半个小时一个都弄不了，满头大汗，真是冬天出大汗。抬头一看，呀！不对头，那些美国同学都做完跑光了，把苹果拿回去吃了。他们不需剖开，因为他们比较熟习，查查册子后面的普通名词就可以定学名，在他们看来是很简单。我只弄了一半，一半又是错的。回去就自己问自己学这个有什么用？要是靠当时的活力与记性，用上一个晚上来强记，四百多个名字都可以记下来应付考试。但试想有什么用呢？那些苹果在我国烟台也没有，青岛也没有，安徽也没有……我认为科学的农学无用了，于是决定改行，那时正是民国元年，国内正是革命的时候，也许学别的东西更有好处。

那么，转系要以什么为标准呢？依自己的兴趣呢？还是看社会的需要？我年轻时候《留学日记》有一首诗，现在我也背不出来了。我选课用什么做标准？听哥哥的话？看国家的需要？还是凭自己？只有两个标准：一个是“我”；一个是“社会”，看看社会需要什么？国家需要什么？中国现代需要什么？但这个标准——社会上三百六十行，行行都需要，现在可以说三千六百行，从诺贝尔得奖人到修理马桶的，社会都需要，所以社会的并不重要。因此，在定主意的时候，便要依着自我的兴趣了——即性之所近，力之所能。我的兴趣在什么地方？与我性质相近的是什么？问我能做什么？对什么感兴趣？我便照着这个标准转到文学院了。但又有一个困难，文科要缴费，而从康大中途退出，要赔出以前二年的学费，我也顾不得这些。经过四位朋友的帮忙，由八十元减到三十五元，终于达成愿望。在文学院以哲学为主，英国文学、经济、政治学之门为副。后又以哲学为主，经济理论、英国文学为副科。到哥伦比亚大学后，仍以哲学为主，以政治理论、英国文学为副。我现在六十八岁了，人家问我学什么？我自己也不知道学些什么？我对文学也感兴趣，白话文方面也曾经有过一点小贡献。在北大，我曾做过哲学系主任、外国文学系主任、英国文学系主任，中国文学系也做过四年的系主任，在北大文学院六个学系中，五系全做过主任。现在我自己也不知道学些什么，我刚才讲过现在的青年太倾向于现实了，不凭性之所近，力之所能去选课。譬如一位有作诗天才的人，不进中文系学做诗，而偏要去医学院学外科，那么文学院便失去了一个一流的诗人，而国内却添了一个三四流甚至五流的饭桶外科医生，这是国家的损失，也是你们自己的损失。

在一个头等、第一流的大学，当初日本筹划帝大的时候，真的计划远大，规模宏伟，单就医学院就比当初日本总督府还要大。科学的书籍都是从第一号编起，基础良好。我们接收已有十余年了，总算没有辜负当初的计划。今日台大可说是国内唯一最完善的大学，各位不要有成见，带着近视眼镜来看自己的前途，看自己的将来。听说入学考试时有七十二个志愿可填，这样七十二变，变到最后不知变成了什么，当初所填的志愿，不要当做最后的决定，只当做暂时的方向。要在大学一、二年级的时候，东摸摸西摸摸的瞎摸。不要有短见，十八九岁的青年仍没有能力决定自己的前途、职业。进大学后第一年到处去摸、去看，探险去，不知道的我偏要去学。如在中学时候的数学不好，现在我偏要去学，中学时不感兴趣，也许是老师不好。现在去听听最好的教授的讲课，也许会提起你的兴趣。好的先生会指导你走上一个好的方向，第一二年甚至于第三年还来得及，只要依着自己“性之所近，力之所能”的做去，这是清代大儒章学诚的话。

现在我再说一个故事，不是我自己的，而是近代科学的开山大师——伽利略（Galileo），他是意大利人，父亲是一个有名的数学家，他的父亲叫他不要学他这一行，学这一行是没饭吃的，要他学医。他奉命而去。当时意大利正是文艺复兴的时候，他到大学以后曾被教授和同学捧誉为"天才的画家"，他也很得意。父亲要他学医，他却发现了美术的天才。他读书的佛劳伦斯地方是一工业区，当地的工业界首领希望在这大学多造就些科学的人才，鼓励学生研究几何，于是在这大学里特为官儿们开设了几何学一科，聘请一位叫 Ricci 氏当教授。有一天，他打从那个地方过，偶然的定脚在听讲，有的官儿们在打瞌睡，而这位年轻的伽利略却非常感兴趣。于是不断地一直继续下去，趣味横生，便改学数学，由于浓厚的兴趣与天才，就决心去东摸摸西摸摸，摸出一条兴趣之路，创造了新的天文学、新的物理学，终于成为一位近代科学的开山大师。

大学生选择学科就是选择职业。我现在六十八岁了，我也不知道所学的是什么？希望各位不要学我这样老不成器的人。勿以七十二志愿中所填的一愿就定了终身，还没有的，就是大学二、三年也还没定。各位在此完备的大学里，目前更有这么多好的教授人才来指导，趁此机会加以利用。社会上需要什么，不要管它，家里的爸爸、妈妈、哥哥、朋友等，要你做律师、做医生，你也不要管他们，不要听他们的话，只要跟着自己的兴趣走。想起当初我哥哥要我学开矿、造铁路，我也没听他的话，自己变来变去变成一个老不成器的人。后来我哥哥也没说什么。只管我自己，别人不要管他。依着“性之所近，力之所能”学下去，其未来对国家的贡献也许比现在盲目所选的或被动选择的学科会大的多，将来前途也是无可限量的。下课了！下课了！谢谢各位。

容忍与自由[①]

十七八年前，我最后一次会见我的母校康奈尔大学的史学大师布尔先生（George Lincoln Burr）。我们谈到英国文学大师阿克顿（Lord Acton）一生准备要著作一部《自由之史》，没有完成他就死了。布尔先生那天谈话很多，有一句话我至今没有忘记。他说，“我年纪越大，越感觉到容忍（tolerance）比自由更重要”。

布尔先生死了十多年了，他这句话我越想越觉得是一句不可磨灭的格言。我自己也有“年纪越大，越觉得容忍比自由更重要”的感想。有时我竟觉得容忍是一切自由的根本；没有容忍，就没有自由。

---

① 1959年3月发表于《自由中国》，第20卷第6期，后几次发表同题演讲。

我十七岁的时候（一九〇八）曾在《竞业旬报》上发表几条《无鬼丛话》，其中有一条是痛骂小说《西游记》和《封神榜》的，我说：

《王制》有之："假于鬼神时日卜筮以疑众，杀。"吾独怪夫数千年来之排治权者之以济世明道自期者，乃懵然不之注意，惑世诬民之学说得以大行，遂举我神州民族投诸极黑暗之世界！……

这是一个小孩子很不容忍的"卫道"态度。我在那时候已是一个无鬼论者、无神论者，所以发出那种摧除迷信的狂论，要实行《王制》（《礼记》的一篇）的"假于鬼神时日卜筮以疑众，杀"的一条经典！

我在那时候当然没有梦想到说这话的小孩子在十五年后（一九二三）会很热心的给《西游记》作两万字的考证！我在那时候当然更没有想到那个小孩子在二十年后还时时留心搜求可以考证《封神榜》的作者的材料！我在那时候也完全没有想到《王制》那句话的历史意义。那一段《王制》的全文是这样的：

> 析言破律，乱名改作，执左道以乱政，杀。作淫声异服奇技奇器以疑众，杀。行伪而坚，言伪而辩，学非而博，顺非而泽以疑众，杀。假于鬼神时日卜筮以疑众，杀。此四诛者，不以听。

我在五十年前，完全没有懂得这一段话的“诛”正是中国专制政体之下禁止新思想、新学术、新信仰、新艺术的经典的根据。我在那时候抱着“破除迷信”的热心，所以拥护那“四诛”之中的第四诛：“假于鬼神时日卜筮以疑众，杀。”我当时完全没有梦到第四诛的“假于鬼神……以疑众”和第一诛的“执左道以乱政”的两条罪名都可以用来摧残宗教信仰的自由。我当时也完全没有注意到郑玄注里用了公输般作“奇技异器”的例子；更没有注意到孔颖达《正义》里举了“孔子为鲁司寇七日而诛少正卯”的例子来解释“行伪而坚，言伪而辩，学非而博，顺非而泽以疑众，杀”。故第二诛可以用来禁绝艺术创作的自由，也可以用来“杀”许多发明“奇技异器”的科学家。故第三诛可以用来摧残思想的自由，言论的自由，著作出版的自由。

我在五十年前引用《王制》第四诛，要“杀”《西游记》《封神榜》的作者。那时候我当然没有想到十年之后我在北京大学教书时就有一些同样“卫道”的正人君子也想引用《王制》的第三诛，要“杀”我和我的朋友们。当年我要“杀”人，后来人要“杀”我，动机是一样的：都只因为动了一点正义的火气，就都失掉容忍的度量了。

我自己叙述五十年前主张“假于鬼神时日卜筮以疑众，杀”的故事，为的是要说明我年纪越大，越觉得“容忍”比“自由”还更重要。

我到今天还是一个无神论者，我不信有一个有意志的神，我也不信灵魂不朽的说法。但我的无神论与共产党的无神论有一点根本的不同。我能够容忍一切信仰有神的宗教，也能够容忍一切诚心信仰宗教的人。共产党自己信仰无神论，就要消灭一切有神的信仰，要禁绝一切信仰有神的宗教，——这就是我五十年前幼稚而又狂妄的不容忍的态度了。

我自己总觉得，这个国家，这个社会，这个世界，绝大多数人是信神的，居然能有这雅量，能容忍我的无神论，能容忍我这个不信神也不信灵魂不灭的人，能容忍我在国内和国外自由发表我的无神论的思想，从没有人因此用石头掷我，把我关在监狱里，或把我捆在柴堆上用火烧死。我在这个世界里居然享受了四十多年的容忍与自由。我觉得这个国家，这个社会，这个世界对我的容忍度量是可爱的，是可以感激的。

所以我自己总觉得我应该用容忍的态度来报答社会对我的容忍。所以我自己不信神，但我能诚心的谅解一切信神的人，也能诚心的容忍并臣敬重一切信仰有神的宗教。

我要用容忍的态度来报答社会对我的容忍，因为我年纪越大，我越觉得容忍的重要意义。若社会没有这点容忍的气度，我决不能享受四十多年大胆怀疑的自由，公开主张无神论的自由。

在宗教自由史上，在思想自由史上，在政治自由史上，我们都可以看见容忍的态度是最难得、最稀有的态度。人类的习惯总是喜同而恶异的，总不喜欢和自己不同的信仰、思想、行为。这就是不容忍的根源。不容忍只是不能容忍和我自己不同的新思想和新信仰。一个宗教团体总相信自己的宗教信仰是对的，是不会错的，所以它总相信那些和自己不同的宗教信仰必定是错的，必定是异端，邪教。一个政治团体总相信自己的政治主张是对的，是不会错的，所以它总相信那些和自己不同的政治见解必定是错的，必定是敌人。

一切对异端的迫害，一切对“异己”的摧残，一切宗教自由的禁止，一切思想言论的被压迫，都由于这一点深信自己是不会错的心理。因为深信自己是不会错的，所以不能容忍任何和自己不同的思想信仰了。

试看欧洲的宗教革新运动的历史。马丁路德（Martin Luther）和约翰高尔文（John Calvin）等人起来革新宗教，本来是因为他们不满意于罗马旧教的种种不容忍，种种不自由。但是新教在中欧北欧胜利之后，新教的领袖们又都渐渐走上了不容忍的路上去，也不容许别人起来批评他们的新教条了。高尔文在日内瓦掌握了宗教大权，居然会把一个敢独立思想，敢批评高尔文的教条的学者塞维图斯（Servetus）定了“异端邪说”的罪名，把他用铁链镇在木桩上，堆起柴来，慢慢地火烧死。这是一五五三年十月二十三日的事。

这个殉道者塞维图斯的惨史，最值得人们的追念和反省。

宗教革新运动原来的目标是要争取“基督教的人的自由”和“良心的自由”。何以高尔文和他的信徒们居然会把一位独立思想的新教徒用慢慢的火烧死呢？何以高尔文的门徒（后来继任高尔文为日内瓦的宗教独裁者）柏时（deBeze）竟会宣言“良心的自由是魔鬼的教条”呢？

基本的原因还是那一点深信我自己是“不会错的”的心理。像高尔文那样虔诚的宗教改革家，他自己深信他的良心确是代表上帝的命令，他的口和他的笔确是代表上帝的意志，那末他的意见还会错吗？他还有错误的可能吗？在塞维图斯被烧死之后，高尔文曾受到不少人的批评。一五五四年，高尔文发表一篇文字为他自己辩护，他毫不迟疑的说：“严厉惩治邪说者的权威是无可疑的，因为这就是上帝自己说话。……这工作是为上帝的光荣战斗。”

上帝自己说话，还会错吗？为上帝的光荣作战，还会错吗？这一点“我不会错”的心理，就是一切不容忍的根苗。深信我自己的信念没有错误的可能（infallible），我的意见就是“正义”，反对我的人当然都是“邪说”了。我的意见代表上帝的意旨，反对我的人的意见当然都是“魔鬼的教条”了。

这是宗教自由史给我们的教训：容忍是一切自由的根本；没有容忍“异己”的雅量，就不会承认“异己”的宗教信仰可以享受自由。但因为不容忍的态度是基于“我的信念不会错”的心理习惯，所以容忍“异己”是最难得，最不容易养成的雅量。

在政治思想上，在社会问题的讨论上，我们同样的感觉到不容忍是常见的，而容忍总是很稀有的。我试举一个死了的老朋友的故事作例子。四十多年前，我们在《新青年》杂志上开始提倡白话文学的运动，我曾从美国寄信给陈独秀，我说：

> 此事之是非，非一朝一夕所能定，亦非一二人所能定。甚愿国中人士能平心静气与吾辈同力研究此问题。讨论既熟，是非自明。各辈已张革命之旗，虽不容退缩，然亦决不敢以吾辈所主张为必是而不容他人之匡正也。

独秀在《新青年》上答我道：

> 鄙意容纳异议，自由讨论，固为学术发达之原则，独于改良中国文学当以白话为正宗之说，其是非甚明，必不容反对者有讨论之余地；必以吾辈所主张者为绝对之是，而不容他人之匡正也。

我当时看了就觉得这是很武断的态度。现在在四十多年之后，我还忘不了独秀这一句话，我还觉得这种“必以吾辈所主张者为绝对之是”的态度是很不容忍的态度，是最容易引起别人的恶感，是最容易引起反对的。

我曾说过，我应该用容忍的态度来报答社会对我的容忍。我现在常常想，我们还得戒律自己：我们要想别人容忍谅解我们的见解，我们必须先养成能够容忍谅解别人的见解的度量。至少我们应该戒约自己决不可“以吾辈所主张者为绝对之是”。我们受过实验主义的训练的人，本来就不承认有“绝对之是”，更不可以“以吾辈所主张者为绝对之是”。